Editions
84, rue du Cherche-Midi 75006 Paris
Tél. 42.22.02.16
Imprimé en France

Couverture : Dominique Le Nouaille

PASCAL PERROT

MANUEL D'UTILISATION de la PYRAMIDE

Librairie de l'inconnu éditions

AVANT PROPOS

De l'aiguisage des lames de rasoir à la méditation dynamique

Favoriser l'exercice de la voyance, servir d'amplificateur à nos plus secrets désirs et en favoriser la réalisation, nous permettre d'accéder plus aisément à ce qu'on nomme "les états modifiés de conscience", telles sont quelques unes des multiples possibilités offertes par la pyramide. Mais cette forme géométrique composée de quatre triangles et d'une base carrée possède également des applications plus concrètes et plus terre à terre, comme momifier les aliments, stimuler la croissance des plantes, aiguiser les lames de rasoir, ôter l'amertume du café ou donner aux vins bon marché la teneur d'un excellent crû. Ces applications ont été maintes et maintes fois vérifiées par des personnes dignes de foi. Cependant, l'étude systématique des possibilités de la pyramide est un domaine relativement récent, au champ d'investigation immense. Les chercheurs qui se penchent sur ce phénomène doivent se heurter au même scepticisme que le Français **André Bovis**, dans les années 30.

Une découverte stupéfiante... et une intuition géniale !

André Bovis, dans la Grande Pyramide, fait une découverte d'importance : des cadavres d'animaux égarés ; ceux-ci, selon toute évidence, devraient être décomposés et exhaler une odeur de charogne. Or, ils sont parfaitement conservés, momifiés. **André Bovis** stupéfait a cependant une intuition géniale : reconstruire, à l'échelle, un modèle réduit en carton de la pyramide de Khéops. Il tente l'expérience d'y placer un petit morceau de viande. A son grand étonnement, il s'aperçoit que la viande s'est momifiée, c'est-à-dire déshydratée. La forme pyramidale agirait-elle sur les molécules de l'eau ? Plus d'un demi-siècle après, l'énigme n'est toujours pas résolue même si les effets demeurent constants et les théories multiples. **André Bovis** , naturellement, établit un communiqué à l'intention des scientifiques. Ils n'en ont cure, se souvenant que Bovis a mené des expériences que nous qualifierions aujourd'hui de parapsychologiques. Ils jettent donc le discrédit sur lui et son rapport. Ce n'est que dix ans plus tard que, parallèlement, deux scientifiques américains (**Verne Cameron et Ralph Bergstresser**) et un tchèque (**Karl Drbal**) suivirent la voie tracée par l'ingénieur français. Le second mit en évidence l'action de la pyramide sur le tranchant des lames de rasoir.

Aux Etats-Unis, le New-Age a fait de la pyramide un phénomène de société

Grâce à cette découverte, **Drbal** parvint à obtenir un brevet de l'état tchèque. Rasoirs, viandes momifiées : par crainte d'une censure de l'Etablishment, ceux qui explorent le domaine de l'énergie des pyramides s'appuient avant tout sur des faits concrets, vérifiables et répétitifs. Les étonnantes perspectives, moins avouables peut-être mais tout aussi vérifiables, ouvertes par cette découverte qui bouleverse nombre de données scientifiques, sont soigneusement passées sous silence.

Un livre "Fantastiques recherches parapsychiques en URSS" mettra fin au mutisme général et provoquera un véritable raz de marée de chercheurs, peu orthodoxes et généralement empiriques, mais faisant véritablement progresser notre connaissance des phénomènes liés à la pyramide. Nous sommes dans les années 70, en pleine explosion du "New Age". "Fantastiques recherches", en consacrant un chapitre aux expériences de Drbal va susciter maintes vocations d'expérimentateurs "pirates" aux Etats-Unis.

Pour ces chercheurs d'un nouveau type, impossible de se contenter des seules applications physiques. Ils décident donc d'explorer tous les champs de possibilités : mental, spirituel, psychologique et parapsychologique, voire magique. Autant de possibilités que nous étudierons plus en détail.

Une énergie de même nature que celle de la cathédrale de Chartres, des églises et du tarot de Marseille !

La pyramide n'est pas le seul volume géométrique susceptible de capter et d'amplifier les énergies des champs électromagnétiques qui traversent l'atmosphère. Les architectures sacrées des cathédrales, des temples, des églises en témoignent. Cependant, la pyramide demeure la plus directement utilisable. C'est ce qui en fait, au même titre que le cristal ou que le tarot de Marseille, un outil privilégié de connaissance. Comme les cathédrales, la Grande Pyramide est construite sur le principe du Nombre d'Or, ou divine proportion, considérée comme la mesure idéale, la plus en accord avec l'Univers. Est-ce dire qu'il faille à tout prix respecter ses proportions à l'échelle pour obtenir des résultats satisfaisants ? La pratique démontre que non. Mais certains préféreront se relier, par l'intermédiaire d'une pyramide à l'échelle, à la grande chaîne des initiés égyptiens. C'est avant tout une question de croyance et de mise en condition. Les pionniers du Nouvel Age ont permis non seulement de déterminer qu'une mise à l'échelle n'était pas nécessaire, mais aussi que la matière constituant le modèle réduit de pyramide ne jouait pas un rôle essentiel dans la conduction des énergies.

La pyramide ne nous rend pas médiums... Elle nous rend à notre médiumnité naturelle !

Qu'elle soit de carton, de verre, de bois, de cuivre, d'aluminium ou d'acier, les effets de la pyramide sont identiques. Du moins en ce qui concerne les résultats physiques. Car les phénomènes spirituels et parapsychologiques ne peuvent se manifester que si nous nous sentons en confiance, en harmonie avec le support utilisé. La pyramide ne nous rend pas médiums, mais elle nous rend à notre médiumnité naturelle. En un mot, elle exacerbe nos potentialités et favorise leur expression. Il est plus que probable, en effet, que la pyramide joue le rôle d'un catalyseur, d'une chambre d'écho énergétique dont le coeur est la chambre du roi, située au centre, à un tiers de la hauteur globale en partant de la base. Ici, la concentration d'énergie est la plus forte. La pyramide réveille nos pouvoirs latents, pour peu que nous sachions demeurer suffisamment à l'écoute de nos sensations.

Les chercheurs, au fur et à mesure de leurs découvertes, allaient de surprises en surprises : ainsi on réalisa que les effets obtenus par une structure pyramidale sont identiques à ceux obtenus avec une pyramide pleine. Cette découverte fut essentielle pour l'observation des effets de l'énergie pyramidale. On pouvait, de cette manière, mieux encore qu'avec une pyramide de verre, observer les effets des ondes de forme sur la matière, ce qui fit progresser énormément les recherches.

Avant toute chose, prendre conscience de l'énergie des pyramides, se familiariser avec elles...

Le modèle le plus couramment utilisé, parce que le plus aisément transportable, est la pyramide en carton de 15 cm de haut. Ce modèle suffira amplement pour vos premières expériences. Il convient parfaitement pour la plupart des travaux que nous décrivons dans ce livre. Grâce à lui, vous pourrez vous familiariser avec votre propre potentiel, dynamisé par l'énergie pyramidale. Il vous suffira pour cela de respecter quelques règles. La première de ces règles est une confiance absolue dans votre pyramide. Vous l'intégrerez en douceur dans votre paysage quotidien. Avant d'entreprendre vos expériences, prenez contact avec votre pyramide. Tenez-la dans votre main, touchez-la, observez-la, posez la sur votre crâne, sans chercher à obtenir de résultat quelconque. Prenez simplement conscience de l'énergie qui se communique à votre corps. Elle se manifestera sous forme de légers picotements, de frissons de chaleur (ou de froid). Il se peut que lors des premières séances, il ne se passe rien. Sachez faire preuve de persévérance. Vos efforts seront récompensés. La seconde règle à respecter est celle de la position de votre pyramide. L'un des côtés devra être orienté vers le Nord magnétique. Votre pyramide obtiendra ainsi le maximum de son efficacité. L'énergie pyramidale se diffuse du sommet jusqu'à la base. Nous vous livrerons, au cours de cet ouvrage, des clés qui vous permettront d'aller plus loin, plus vite et plus fort, de façon à vivre le plus pleinement possible votre potentiel humain. Il ne nous reste plus qu'à vous souhaiter bonne chance et bienvenue dans le monde fascinant de l'énergie des pyramides.

CHAPITRE I

VAINCRE L'ANGOISSE

Un exercice quotidien de la pyramide est fortement recommandé

En ces temps troublés, il devient plus que jamais nécessaire de trouver la paix intérieure, de nous mettre en harmonie avec nos forces profondes. Dans cette voie, la pyramide va devenir un aide précieux. Cet instrument, vous devez le choyer, le respecter. Réservez lui un emplacement qui ne sera dévolu à rien d'autre. Ce pourra être un tiroir, un placard ou un cagibi. Personne d'autre que vous ne devra l'utiliser, car vous allez lui donner l'empreinte de votre propre énergie, qui deviendra en quelque sorte le starter de l'énergie pyramidale. De même, vous devrez lui consacrer un moment de la journée, choisi par vous en fonction de vos envies ou de vos disponibilités. Ce peut être le matin au réveil ou le soir. Un exercice quotidien de la pyramide est recommandé, de manière à vous familiariser avec elle, à ce qu'elle devienne partie intégrante de votre existence. Vous établirez ainsi une sorte de rituel qui favorisera votre réceptivité. Il est important de

ne pas vous placer sous la pyramide dans un état de colère, car votre instrument risquerait d'amplifier cette énergie là. Or, ce n'est pas le but que vous recherchez n'est-ce pas ?

Encore une fois ne vous attendez pas à ressentir, à vivre, dès que vous aurez posé la pyramide sur le sommet de votre crâne, des expériences hors du commun. Simplement demeurez ouvert, sans préjugé.

Pour cela, nous vous conseillons, avant de vous placer sous la pyramide de vous laver les mains, afin de vous débarrasser des miasmes de la journée, puis, en chassant de votre esprit toutes les pensées parasites, d'effectuer deux ou trois respirations très amples. Cela vous aidera à vous calmer, et surtout à vous mettre en état de disponibilité.

Réussir votre premier contact

Asseyez vous en lotus et placez la pyramide sur votre crâne. Gardez les mains ouvertes et tournez les paumes vers le haut. Une autre variante consiste à poser, sans les crisper, les deux paumes l'une contre l'autre, les doigts tournés vers le visage, à la hauteur de la bouche ou du menton. Fermez alors les yeux et laissez le calme prendre possession de tout votre corps.

N'oubliez pas qu'il s'agit là d'un premier contact : ne cherchez pas à brusquer les choses, à tenter des visualisations ou des relaxations complexes. Durant la première semaine, contentez vous d'être à l'écoute de vos sensations. Notre perception tactile étant quelque peu atrophiée par une civilisation essentiellement basée sur le visuel, il se peut que, la première fois, vous ne sentiez rien. Ne vous y arrêtez pas. Vous n'en êtes qu'aux travaux d'approche. Votre corps va bientôt s'aiguiser et devenir plus sensible aux variations de chaleur, aux légers courants électriques qui le parcourent. Combien de temps demeurer sous la pyramide ? Cela dépend de la manière dont vous gérez cette énergie et de votre point de saturation. Cela dépend également de votre propension à la méditation. Entre dix et trente minutes... ou une heure. Ce qui importe avant tout, c'est le plaisir que vous en retirez. Vous risquez d'éprouver, surtout les premiers temps, une irrésistible envie de dormir après cette expérience. Ce sommeil, aussi court soit il, sera extrêmement régénérateur.

La méditation du soleil

A présent que vous avez validé votre passeport pour l'inconnu, il ne vous reste plus qu'à effectuer un petit voyage au centre de vous-même. Un voyage qui a nom méditation.

La méditation du soleil nous semble ici particulièrement indiquée. En effet, les Egyptiens vouaient un véritable culte au soleil. Râ, Horus étaient les piliers d'une mythologie complexe. Mais point n'est besoin cependant d'être fasciné par l'Egypte pour mener à bien cette méditation. *Prenez conscience de la position de votre corps dans l'espace, de toutes ses parties, sans en négliger aucune. Partez de l'extrémité d'un de vos membres pour ressentir un à un, en faisant remonter votre conscience le long de votre corps, la présence des organes que vous rencontrez. Après ce court voyage à l'intérieur de votre organisme (vous pouvez, si nécessaire, vous aider d'une cassette sur laquelle vous aurez préalablement enregistré le texte de votre méditation), visualisez, au niveau de votre plexus solaire, une petite boule de feu. Sa douce chaleur envahit votre plexus, qui peu à peu s'éclaire de l'intérieur. Cette lumière, cette chaleur répandent en vous leur énergie. Elles s'étendent à votre poitrine, à vos épaules, à vos bras, à vos mains. Le petit soleil intérieur prend de l'ampleur. Il grandit à l'intérieur de votre corps, qui devient lumineux, lumineux et chaud. Laissez ses rayons se diffuser dans votre corps qui s'en imprègne. Cette énergie, que vous avez accumulée dans votre corps, sera disponible à n'importe quel moment de la journée.* Il est recommandé d'effectuer cette méditation de préférence le matin. Elle possède en effet sur le corps et l'esprit des vertus toniques, qui risqueraient de nuire à un sommeil de qualité. La méditation du soleil permet de renforcer la vitalité, le dynamisme et la volonté. Elle est particulièrement recommandée aux personnes trop timides, comme à celles qui désirent arrêter de boire ou de fumer. Mais il faut pour cela que leur désir de changer soit sincère. Alors cette méditation renforcera de manière certaine leur détermination.

Votre conscience et votre manière de gérer vos énergies évolueront avec l'expérience de la pyramide

Vous ne devez jamais oublier, avant de passer à la phase suivante, et d'augmenter l'intensité des ondes de forme et leur impact sur votre organisme, de tester votre capacité d'accumulation d'énergie. Assimiler plus d'énergie qu'il ne vous est nécessaire n'est d'aucune utilité. Vous risqueriez de vous provoquer des migraines. Si vous avez commencé votre entraînement par de courts séjours sous la pyramide (environ un quart d'heure, sinon moins), vous acquerrez rapidement la conscience de vos besoins. Vous saurez si vous éprouvez le besoin d'être plus ou moins rechargé.

Votre conscience et votre manière de gérer l'énergie qui vous est transmise, évolueront au fur et à mesure de vos expériences. Le quota d'énergie nécessaire variera donc en fonction de votre état. Vous deviendrez capable d'assimiler une quantité de plus en plus importante d'énergie et surtout de l'utiliser dans votre vie de tous les jours.

Un cocktail méditatif explosif : méditation du soleil + phosphènes

Ainsi, il existe des variantes permettant d'amplifier les effets de la "méditation du soleil". Le premier de ces cocktails - résolument explosif - : méditation + phosphènes. Fixez quelques minutes une ampoule de 75 watts. Puis éteignez. Vous apercevrez alors, devant vos yeux, de petits ronds lumineux, qui changeront plusieurs fois de couleur : ce sont les phosphènes. Cette expérience peut être également tentée avec une bougie, ou toute autre source lumineuse. Le docteur **Francis Lefébure** mit le premier en évidence les étonnantes possibilités offertes par les phosphènes dans le domaine de la parapsychologie. On comprend l'importance symbolique que peut revêtir la fixation d'une source lumineuse dans le cadre d'une méditation du soleil.

Lorsque le phosphène apparaît, commencez votre méditation. Ne vous tourmentez pas s'il semble s'effacer, il reviendra. C'est ce phosphène que vous allez maintenant diriger mentalement au niveau de votre plexus solaire. Pratiquez ensuite comme précédemment indiqué. Pour favoriser la voyance, vous pouvez également amener le phosphène jusqu'à la racine de votre nez.

Vous ne tarderez pas à vous apercevoir que l'effet de cette "méditation phosphénique du soleil" est non seulement plus puissant, mais également plus rapide que celui obtenu lors d'une méditation "simple". Vous venez de franchir un degré supplémentaire dans la connaissance de vous-même et l'exploitation de votre potentiel humain.

Le second "cocktail" que nous vous proposons : méditation + Tarot. Par ses couleurs, par son architecture, qu'on pourrait assimiler à une architecture sacrée, mais aussi par ses symboles, directement assimilables par l'inconscient, le Tarot est un formidable outil aux possibilités multiples. Nous en étudierons quelques-unes dans le chapitre *"Changez votre destin grâce à la pyramide"*. Pendant votre méditation, tenez dans votre main droite, celle qui envoie, la lame de la Force, et dans la gauche celle de la Tempérance, afin de régulariser en vous le flux des énergies captées.

Certains recommandent de placer l'une de ces lames directement sur votre tête, en dessous de la pyramide. Mais nous ne vous le conseillons pas : l'effet risque d'être trop puissant et l'énergie émise vous détraquerait plus que vous n'en bénéficieriez. C'est l'effet "pile électrique".

Une méditation pour dynamiser les centres énergétiques du corps

La méditation que nous vous proposons ne relève d'aucune de ces deux méthodes. Elle se pratique couché. Vous avez certainement entendu parlé des chakras, ces lieux de notre corps à travers lesquels, selon la tradition hindoue, s'expriment nos énergies.

Peut-être même avez vous déjà, en méditation, travaillé sur les chakras. Il semble, d'après l'expérience, que le simple fait de les visualiser permette d'éliminer le stress en rétablissant le courant, dont la mauvaise circulation engendre la fatigue. Parce qu'elle réclame de votre part une grande vigilance, cette méditation devra s'effectuer dans une semi-obscurité. Vous ne laisserez allumée qu'une veilleuse ou une simple bougie située à quelque distance.

Débranchez le téléphone et vérifiez que la pièce dans laquelle vous vous trouvez soit correctement chauffée. Pourquoi ? Tout simplement parce que cette méditation, pour être réellement efficace, devra se pratiquer nu.

Le premier chakra se situe au niveau de votre anus. Par lui, vous captez les énergies terrestres. Pour le dynamiser, placez la pyramide, couchée, la base tournée vers vous, entre vos cuisses. Au bout d'un moment, vous allez sentir une bienfaisante chaleur envahir cette zone. Abandonnez-vous un instant à cette sensation. Puis, placez votre pyramide en carton au niveau du second chakra, c'est-à-dire très exactement à la racine de votre sexe. C'est l'une des zones les plus difficiles à travailler. Par tabou, par pudeur, nous nous sommes coupés de nos sensations physiques. L'action de l'énergie pyramidale sur ce second chakra peut se manifester de manière très concrète, par l'expression d'un désir aussi brusque qu'inattendu. N'ayez pas honte de cette sensation. Pénétrez à l'intérieur d'elle mais ne vous laissez pas gouverner par elle. Ce n'est là qu'une expression naturelle de votre pulsion de vie.

Passez au troisième chakra, au niveau du plexus solaire, en ayant présentes à l'esprit vos sensations précédentes. Les effets du travail sur le troisième chakra seront sensiblement similaires à ceux observés lors de la méditation dite "du soleil".

Remontez maintenant jusqu'au milieu de la poitrine. Il se peut qu'en dynamisant les troisième et quatrième chakras, vous ressentiez une légère oppression respiratoire. En libérant l'énergie de ces zones, vous vous mettez directement en contact avec vos émotions profondes, un contact qui n'est pas toujours innocent, loin de là. Si cela se produit, ôtez la pyramide, posez-la à terre, respirez deux ou trois fois d'une respiration ample puis recommencez.

Si cette sensation d'oppression se reproduit au troisième essai, n'insistez pas davantage et passez au chakra suivant, à moins bien sûr que vous ne vous sentiez trop ébranlé pour continuer la séance. Le quatrième chakra détient également une charge émotionnelle très forte. Ne dit-on pas d'un événement ou d'une réflexion qui vous perturbe que "ça ne passe pas" ou que "ça reste coin-

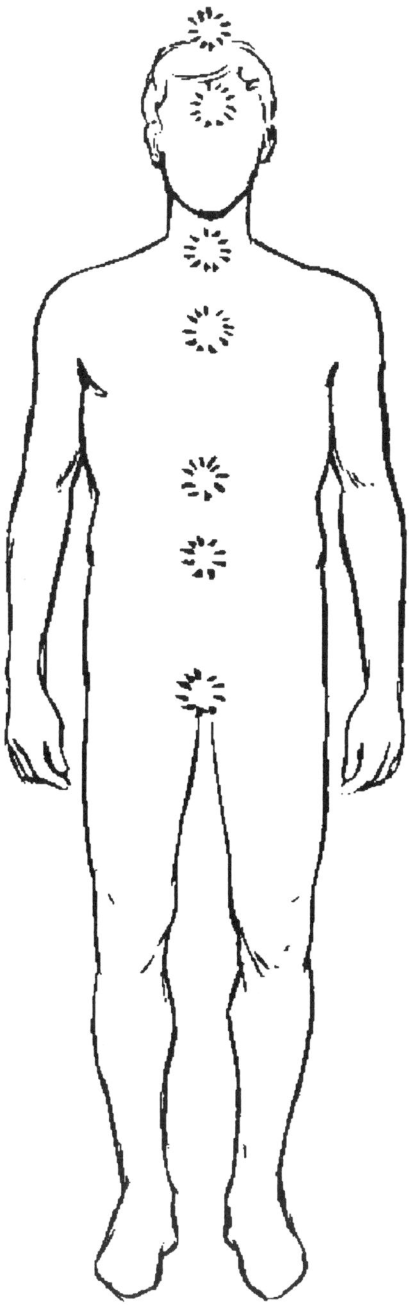

cé" ? En travaillant le chakra de la gorge, vous pouvez renouer avec des ressentiments oubliés, avoir envie de crier, de pleurer, de trépigner. Si c'est le cas, posez un instant la pyramide et laissez votre corps réagir. Votre souffrance a besoin de s'exprimer, de se vider... Si vous sentez qu'elle est trop forte pour être exprimée, n'hésitez pas à avoir recours à un spécialiste, qui vous aidera à mieux canaliser la violence de vos émotions. Ne négligez pas, par peur de telles réactions, de travailler ces zones là mais si vous vous sentez en danger, n'insistez pas. Laissez parler votre intuition. Après le chakra de la gorge, vous passerez au sixième chakra, situé à la racine du nez, entre les deux yeux. C'est la région de la fameuse "glande pinéale", ce troisième oeil tant prisé par les mystiques, sur laquelle les scientifiques se perdent en conjectures. En stimulant cette région, vous favoriserez l'émergence d'états de conscience différents, et en particulier la voyance. Le dernier chakra enfin se situe au sommet de votre crâne. Pour l'exposer à l'énergie pyramidale, vous pouvez soit, toujours en position allongée, placer votre pyramide l'un des côtés (et non l'une des arêtes) orienté vers le pôle magnétique et la base au niveau de votre crâne - comme nous l'avons vu, l'énergie des pyramides se dirige du sommet vers la base - soit vous redressez, lentement, pour ne pas éprouver de sensation de vertige. Puis, une fois assis, posez la pyramide sur votre crâne. Vous serez certainement surpris, à la fin de cette méditation, d'éprouver une certaine chaleur, notamment dans vos membres et dans votre plexus.

Peut-on pratiquer couché la méditation sous pyramide ?

Toutes les méditations sous pyramide ne s'effectuent pas nécessairement en lotus. La position couchée s'impose parfois; cependant, elle n'est rendue possible qu'avec une pyramide suspendue ou une grande pyramide de 1,20 m de hauteur (ce sont généralement des structures pyramidales).

Pour suspendre votre pyramide, usez d'un fil de nylon épais que vous coudrez au sommet de la pyramide. Les observateurs ont pu constater qu'une pyramide suspendue ne perdait en rien de son rayonnement. Vous devrez vous placer de telle manière que votre tête se trouve au nord et respecter bien sûr l'orientation. Il sera donc nécessaire de déterminer à l'avance votre lieu de méditation.

Des relaxations apaisantes

Les méditations que nous venons d'étudier sont plus spécifiquement toniques. Elles évacuent le stress, tout en dynamisant le corps et l'esprit, stimulant vos activités physiques et cérébrales. Elles risquent donc de vous conduire directement à l'insomnie si vous les pratiquez avant de vous coucher.

Pour les exercices du soir, vous aurez recours à des méditations plus directement apaisantes, qui baigneront votre organisme dans une torpeur bienheureuse. Il est recommandé de ne pas pratiquer ce type de méditation allongé sur le sol. Vous risqueriez de vous endormir ! Il existe de nombreux types de relaxations calmantes, aussi n'en citerons-nous que quelques-unes, dont nous avons pu éprouver l'efficacité, en exemple :

Une méditation colorée

Placez-vous sous la pyramide et choisissez une couleur avec laquelle vous vous sentez en harmonie, en résonance : vert, bleu, violet. Une teinte dont vous sentez qu'elle possède sur vous un effet apaisant. Cette couleur, vous l'imaginerez rayonnant autour de votre corps et l'imprégnant totalement, comme une éponge, de sa douceur calmante.

Vous êtes bien, protégé, encoconné, à l'intérieur de ce cercle. Vous sentez la paix descendre en vous. Tout votre corps est envahi par une sensation de lourdeur. Vous vous laissez glisser au fond de cette couleur dans laquelle vous vous sentez bien. Réatterrissez lentement. Puis, préparez-vous à passer une nuit d'un sommeil régénérateur, délivré des angoisses accumulées au cours de votre journée. Vous pouvez également pratiquer de la même manière que pour la "méditation du soleil", en visualisant cette couleur pénétrer peu à peu tout votre organisme et lui communiquer ses vertus apaisantes.

En musique ou en silence ?

Une autre forme de méditation mettra en jeu des paysages liés à l'idée de repos, de détente. Vous vous imaginerez sur une plage, caressé par le soleil. Votre corps se relâche complètement dans le sable, bercé par le bruit des vagues. Pour parfaire cette méditation, vous pouvez utiliser des cassettes. Bruits de vagues ou cassettes de relaxation new age. Le fameux chant des baleines, s'il possède sur certains un effet destressant, en crispe d'autres. En la matière vous êtes seul juge. Une méditation sous pyramide peut s'effectuer en musique ou en silence. Encore faut-il que la musique soit en accord avec le but recherché car, comme nous le verrons plus tard, il existe également des méditations actives. Vous pouvez y préférer l'image d'une campagne verdoyante ou d'un champ de blé dans lequel vous vous étendez paisiblement. Là encore, il s'agit d'être à l'écoute de l'effet que produit telle ou telle méthode sur votre mental et sur votre organisme. Et de choisir la meilleure... pour vous.

Dormir sous pyramide

Une autre manière d'utiliser la pyramide suspendue est de la placer à la tête de votre lit. Si vous ne vous êtes pas encore familiarisé avec la pyramide, il se peut que cette suspension déclenche chez vous des troubles du sommeil. Pourtant, et même si c'est le cas, vous vous étonnerez au matin de vous trouver frais et dispos. Tous ceux qui dorment régulièrement sous pyramide affirment avoir dormi d'un sommeil en apparence léger mais en réalité extrêmement régénérateur.

Quel que soit votre temps de sommeil, votre corps aura récupéré plus vite. L'énergie pyramidale aura permis aux forces réparatrices du sommeil d'agir plus

vite et surtout plus efficacement. Les rêves que vous ferez sous pyramide vous apparaîtront avec précision au réveil. De quoi vous encourager à abandonner définitivement les somnifères...

Nous avons évoqué le problème de l'orientation de la pyramide et avons à ce sujet parlé de pôle magnétique. Une erreur fréquente est de considérer le nord géographique comme identique au pôle magnétique. Ce n'est pas toujours le cas.

La direction dans laquelle doit être tourné l'un des côtés de votre pyramide est celle qu'indique l'aiguille de la boussole.

On s'accorde généralement sur ce point : une réénergétisation le matin et une relaxation le soir vous permettront de bénéficier pleinement des bienfaits de la pyramide. Les relaxations ou méditations que nous vous avons indiquées sont totalement "agnostiques", c'est-à-dire qu'elles ne relèvent d'aucune croyance particulière.

Cependant, quelle que soit votre religion (au sens large : la manière dont vous vous reliez à une force transcendante), on a pu constater l'effet bénéfique de la prière sous pyramide. La méditation sous pyramide renforce ce que les tenants du New Age, qui considèrent la Terre comme un être vivant, appellent "le sentiment d'appartenance planétaire". Toute expérience mystique menée sous pyramide sera amplement favorisée, qu'il s'agisse de télépathie, de voyance, de projection astrale, de force pensée ou même de ces communions fugitives avec les forces à l'oeuvre dans l'Univers et sur lesquelles nous ne pouvons mettre de nom.

En agissant sur l'eau de notre corps, la pyramide agit directement sur notre cortex cérébral

Comme nous le verrons plus loin dans le chapitre sur les effets physiques, dans bien des cas, la pyramide agit sur les molécules d'eau. Il n'est donc pas improbable, puisque nous sommes en grande partie composés de H2o, qu'en agissant sur l'eau de notre corps, notamment de notre cerveau, la pyramide entraîne des modifications chimiques dans celui-ci, agissant directement sur la partie obscure du cortex cérébral.

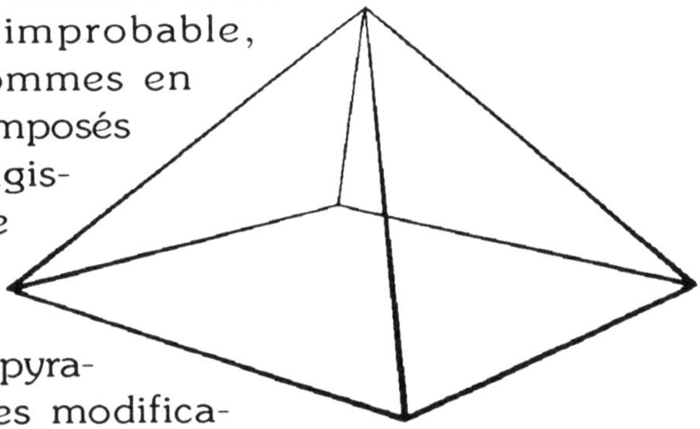

Pour donner un coup de fouet à votre intellect...

Tout indique que la pyramide joue le rôle d'un amplificateur. Amplificateur d'énergies, mais aussi amplificateur d'états. Catalyseur, condensateur qui nous fait parvenir directement à la quintessence. Nous avons évoqué tout à l'heure la pyramide suspendue; si, pour la méditation, elle s'avère généralement de peu d'utilité, elle trouve tout son sens, en revanche, si vous devez effectuer un travail intellectuel soutenu dans le cadre de son domicile (imaginez la tête de vos collègues si vous vous installiez à votre bureau avec une pyramide sur la tête !). Au dessus de votre table, surplombant votre crâne installez votre pyramide, en tenant bien entendu compte de son orientation. Puis commencez à travailler. Vous vous sentirez beaucoup plus dynamique et saurez trouver les mots qui convainquent. Vous parviendrez à vous concentrer plus rapidement et plus longtemps. Ce sont quelques-uns des petits miracles de la pyramide. Accomplissez votre travail en confiance, sans douter un seul instant de sa portée ni de son efficacité. La pyramide vous sera d'une grande aide pour écrire des lettres importantes. Il vous sera très vite difficile de vous en passer. De plus, comme nous le verrons plus loin, plus vous enverrez de force de conviction en écrivant votre lettre, plus celle-ci aura de chances d'atteindre son destinataire, la pyramide devenant chambre d'écho de votre volonté et son énergie fécondant celle de votre force pensée.

CHAPITRE II
VOYANCE ET VOYAGE ASTRAL

Parmi les perspectives ouvertes par la découverte de l'énergie pyramidale et que les chercheurs "sérieux" hésitent encore à explorer, il en est une d'importance : la voyance. Connaître, pour le modifier ou le gérer au mieux des possibilités, notre avenir ou une partie de celui-ci, c'est pourtant, en cette fin de vingtième siècle, se conduire en homme responsable de son propre destin. Car notre part de libre arbitre peut nous permettre de modifier certains points de notre futur. Bien que l'on sache depuis Einstein que le temps est relatif, les scientifiques hésitent encore à reconnaître pour authentiques les manifestations de voyance. Il s'agit pourtant d'un art à la portée de tous, pour peu que nous sachions développer ce muscle atrophié : notre intuition. Il existe pour cela de multiples techniques. Nous n'en citerons qu'une, immédiatement vérifiable : celle de l'enveloppe fermée. Lorsque votre courrier arrive, choisissez une enveloppe ne portant aucune mention extérieure. Asseyez vous sur le bord de votre lit et, en vous concentrant, les yeux fermés, tentez de deviner qui vous a écrit et d'où. Vos premiers efforts ne seront pas forcément couronnés de succès, mais si vous persévérez, vous ne le regretterez pas ! Les véritables chercheurs, c'est-à-dire ceux qui osent observer simplement les phénomènes, même s'ils heurtent leurs théories du moment, ont pu constater que le séjour sous pyramide était, pratiqué quotidiennement, un excellent tremplin pour l'intuition. S'agit-il ici de la portée symbolique de la pyramide ou d'une onde pour laquelle le volume pyramidal joue le rôle de catalyseur et de miroir grossissant ? Une onde qui stimulerait des zones de notre cerveau demeurées en jachère ?

Pyramide et boule de cristal : un couple qui va bien ensemble

Quoiqu'il en soit et quelle qu'en soit la cause, la dynamisation des facultés médiumniques est indiscutable.

L'expérience la plus probante en ce sens, en tous cas la plus surprenante, est celle de la boule de cristal. Si cet instrument, symbole de la voyance, suscite avec l'habitude des images précises quant à leur contenu, les mêmes images s'avèrent en revanche souvent floues quant à leurs contours... et ce, même pour beaucoup de voyants chevronnés, exerçant en professionnels ! En réalisant vos voyances, soit chapeauté d'une pyramide de 15 à 20 cm (en grès, verre ou carton), soit sous une pyramide structure de 1,22 m, les clichés qui vous apparaîtront dans la boule s'avèreront bien plus nets. Dans un premier temps, vous devrez vous contenter d'exercer des voyances pour votre propre compte ou pour celui d'une personne absente. A moins que vous ne connaissiez des personnes pour lesquelles la pyramide est un instrument familier. Car il faut bien avouer qu'être chapeauté d'une pyramide, même orientée nord, est parfois, vu de l'extérieur, relativement ridicule... un éclat de rire nuirait fortement à votre concentration. Il existe cependant de multiples moyens de contourner l'obstacle : par exemple, en effectuant un séjour sous pyramide, de dix minutes ou d'une demi-heure, éventuellement combiné avec "la méditation du soleil", avant d'effectuer vos voyances. Si vous souhaitez être discret, il ne tient qu'à vous d'emporter votre pyramide en carton, pliée dans l'une de vos poches, et dans les toilettes ou la salle de bains d'effectuer votre "mise en condition".

Dynamiser vos instruments de voyance

Les instruments de voyance peuvent eux-mêmes être pour ainsi dire "aiguisés" sous la pyramide. Vous avez la possibilité de placer votre boule de cristal soit directement si son format s'y prête, soit sous une pyramide suspendue. Laissez-la s'imprégner des ondes pyramidales une heure avant de mettre à contribution vos dons médiumniques. De votre côté, préparez vous, par la méditation et la relaxation, soit sous une autre pyramide, soit à découvert. Vous serez ainsi mieux à même de soulever le voile d'Isis. Une règle d'or à laquelle vous ne devez déroger sous aucun prétexte : vous réduirez au maximum la possibilité d'être interrompu. Débranchez le téléphone ou laissez le répondeur, quelle que soit la personne qui vous appelle. Si vous désirez une connexion/communion parfaite avec votre boule de cristal, laissez-la reposer toute une nuit. Lorsque vous la prendrez en main, vous ressentirez sans doute une différence dans le contact. Votre support vous paraîtra plus "chaud", plus "plein". Il fera passer, dans l'extrémité de vos membres, un léger courant d'électricité statique. C'est le signe que la pyramide a agi et que vous êtes véritablement connecté à cette autre dimension que l'on appelle le Temps. La boule de cristal n'est bien entendu pas le seul instrument de voyance à pouvoir bénéficier de l'apport de la pyramide. Certes, vous ne devrez pas espérer obtenir un effet quelconque si l'objet auquel vous vous référez n'est pas spécifiquement lié d'ordinaire à la voyance. Ainsi, il nous semble inutile de tenter de dynamiser le potentiel médiumnique d'un oeuf, de café, d'eau, de sel, d'encre ou de feu, même si ceux-ci doivent servir à des exercices de voyance. Vous n'obtiendriez au mieux que des résultats physiques.

La pyramide "magnétisera" votre tarot

Il nous semble également peu probant d'exposer au rayonnement de cette géométrie sacrée un livre, fut-il d'interprétation ou dut-il permettre d'exercer la bibliomancie. Ces objets possèdent sans doute une connotation trop "matérielle".

En revanche, si vous êtes attiré par le Tarot de Marseille, vos cartes bénéficieront pleinement d'un séjour sous pyramide. Elles se "rechargeront" en énergie positive à ce contact. Il faut savoir que ce tarot possède un grand impact vibratoire. Ses couleurs, ses formes, ses proportions ne sont pas neutres. Elles agissent directement au niveau de notre cortex cérébral. Ces pouvoirs

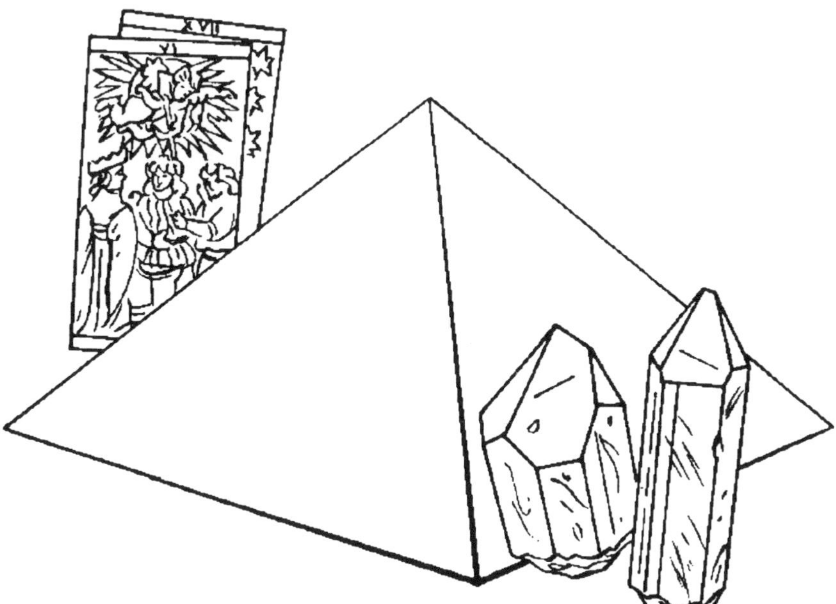

sont renforcés par le rayonnement de votre pyramide. C'est donc en toute confiance que vous pouvez en faire la place d'élection de votre jeu, lorsque vous ne vous en servez pas. Vous verrez de mieux en mieux et surtout de plus en plus loin, allant directement à l'essentiel. La pyramide en quelque sorte magnétise votre tarot. Ne dit-on pas qu'il serait d'origine égyptienne ? En vous reliant à cette tradition, vous formez une ligne de force rectiligne, ce que le physicien anglais Rupert Sheldrake nomme "Champs morphogénétiques". C'est pourquoi, si vous pratiquez la radiesthésie divinatoire, il est indispensable de posséder un pendule égyptien. Ce pendule en argile est en effet la reproduction d'un pendule découvert dans un sarcophage de la Vallée des Rois. Le laisser reposer une nuit sous votre pyramide, c'est l'assurance d'obtenir un contact vibratoire beaucoup plus fort avec votre instrument. Les réactions et mouvements d'un pendule égyptien soumis à l'énergie pyramidale sont beaucoup plus nets et permettent des voyances pratiquement à coup sûr.

L'apport du pendule égyptien

De plus, il sera ainsi protégé de toutes les émanations parasites qui pourraient en troubler le fonctionnement. Vous pourrez bien sûr pratiquer de même avec d'autres pendules, mais l'impact n'en sera pas aussi puissant, excepté sur le pendule en cristal... à condition bien entendu qu'il soit en véritable cristal de roche ! Comme nous le verrons plus loin, les énergies du cristal et de la pyramide, loin de s'annuler, se démultiplient. Si vous le souhaitez, vous avez la possibilité de comparer les différences entre les différents types de voyance, afin de déterminer celui qui vous convient le mieux. Par exemple, pendant la première semaine (du moins si vous ne possédez pas une expérience antérieure de la voyance), vous effectuerez vos voyances avec le support que vous aurez choisi, sans vous servir de la pyramide. La seconde semaine, vous pratiquerez à l'intérieur d'une grande pyramide ou chapeauté d'une petite. La troisième semaine, vous placerez vos instruments de voyance à l'intérieur ou en dessous de votre pyramide. Évidemment, les résultats ne seront concluants que si vous pratiquez quotidiennement, même si c'est durant une très courte période de la journée. Si vous avez l'habitude de dormir sous pyramide, allongez-vous quelques instants avant, en ayant soin de placer la zone située entre les deux yeux, à la base du nez, directement sous le rayonnement pyramidal. La stimulation de cette zone, en effet, comme nous l'avons vu lors de la méditation sur les chakras, favorise l'épanouissement des facultés médiumniques.

Comment mieux pratiquer la géomancie ou le Yi king grâce à votre pyramide

Certains arts divinatoires sont difficiles à pratiquer directement sous pyramide. C'est le cas par exemple de la géomancie, du Yi King ou des taches d'encre. Pourquoi ? Tout simplement parce qu'elles nécessitent un trop grand nombre de mouvements. Sous une pyramide structure, les gestes seraient trop contrôlés, en raison de l'exiguïté ; si votre tête est placée sous une pyramide en carton, un geste trop brusque risque de faire tomber cette dernière. La meilleure procédure à suivre semble donc la suspension de la pyramide au dessus de votre table de travail. Ainsi, vos mouvements ne seront pas gênés.

Mais vous pouvez également avoir recours à une simple exposition pyramidale du médium (c'est-à-dire vous). Si c'est vous qui posez la question, que ce soit pour vous-même ou une tierce personne, il vous faudra déterminer si l'exposition doit avoir lieu avant de faire vos taches d'encre ou de tracer vos bâtonnets (dans le cas de la géomancie) ; ou bien si vous préférez bénéficier des bienfaits de la pyramide juste avant d'interpréter. A moins bien sûr que vous ne préfériez assimiler cet apport d'énergie avant chaque étape de votre voyance. Il est vrai qu'elles sont toutes déterminantes car, si la concentration est nécessaire au moment où l'on tire une lame de tarot, où l'on trace les bâtonnets qui vont déterminer les figures géomantiques, une bonne interprétation des symboles ainsi révélés est tout aussi indispensable. Si vous utilisez un encens pour favoriser votre passage à un état de conscience autre, faites le séjourner sous pyramide une heure avant de l'utiliser. Il n'en sera que plus efficace.

Un instrument indispensable pour l'exercice de la télépathie

En télépathie, émission et réception sont amplement favorisées si l'un des partenaires (ou les deux) utilise la pyramide. Vous ne tarderez pas à rencontrer des personnes qui pratiquent, comme vous, des expériences avec la pyramide en vue d'une évolution spirituelle. C'est avec elles que vous allez réaliser, de préférence, une expérience télépathique. Pour commencer, vous choisirez quelque chose de très simple, facile à visualiser.

Vous devez pouvoir le représenter facilement sur votre écran mental. Il pourra s'agir d'un objet, d'un nom, d'un chiffre, d'une forme géométrique (optez de préférence pour des formes à deux dimensions, les volumes étant plus complexes à mémoriser), ou d'une situation sportive. Si vous avez été émetteur la première fois, vous pourrez ensuite inverser les rôles et devenir récepteur à votre tour. Là encore, rien ne vous empêche de comparer les résultats.

Que se passe-t-il lorsque vous êtes émetteur sous pyramide et que le récepteur ne l'est pas ? Constatez vous des différences importantes lorsque vous émettez sans pyramide et que votre partenaire vous "reçoit" avec ? Est-il plus compliqué pour vous d'émettre ou de recevoir ? L'expérience est-elle moins probante lorsque vous opérez tous deux sans pyramide ? Testez toutes les combinaisons possibles. Au départ, quelle que soit votre manière d'opérer, il est vraisemblable que l'image ou la sensation vous apparaisse un peu floue. Ce n'est qu'une question de "réglage des fréquences". C'est volontairement que nous parlons de sensations, car, contrairement à une idée très répandue, la communication télépathique s'établit davantage par ressenti que par image. Dans le cadre d'une situation sportive, vous pouvez fort bien être projeté dans la dite situation.

Si vous évoquez un sport, il sera plus prudent de vous placer sous une pyramide suspendue. Vous parviendrez à transmettre et à recevoir des situations de plus en plus complexes. Mais cet exercice est moins anodin qu'il n'y paraît : en réveillant les zones endormies de votre cerveau, vous deviendrez plus perméable aux pensées, aux sentiments des autres. N'oubliez jamais de faire précéder chaque séance de télépathie sous pyramide d'une méditation dynamique.

Un excellent filtre pour les ondes nocives

Elle vous permettra de renforcer vos défenses naturelles contre d'éventuelles agressions extérieures. Cette recommandation est également valable pour la voyance. Si vous vous sentez vidé après une séance, n'hésitez pas à pratiquer de nouveau une méditation ou une relaxation, pour éliminer de vous toute influence négative. Sachez cependant que la pyramide est un excellent filtre pour les ondes nocives. Elle vous imperméabilise, en grande partie du moins, car certains exercices de voyance ou de médiumnité sont extrêmement déstabilisants. L'énergie des pyramides est telle qu'elle peut également permettre la réalisation d'exercices de psychokinèse, c'est-à-dire une action de la pensée sur la matière. Cet ouvrage se voulant essentiellement pratique, nous n'étudierons pas cette possibilité. Ou du moins l'aborderons-nous sous un angle qui nous semble plus passionnant : celui du développement du magnétisme humain et de la force pensée, agissant sur le monde événementiel.

Dédoublement sous pyramide, mode d'emploi

Nous avons évoqué tout à l'heure le voyage astral ou dédoublement. Il est impossible d'envisager la mort comme une fin après avoir pratiqué la sortie de corps. La pratiquer couramment, c'est apprendre à vaincre sa peur. C'est aussi avoir accès à d'autres dimensions vibratoires, vivre des expériences que notre corps seul ne pourrait nous permettre de vivre. Cependant, le dédoublement ne saurait être conseillé à tous. Les personnes cardiaques ou celles dont l'appréhension est trop forte ne devront rien tenter en ce sens : elles ne feraient que retrouver leur angoisse une fois de l'autre côté sous forme de démons ou d'entités malfaisantes dont ils ne sauraient se débarrasser. Si vous êtes bien décidé à tenter cette expérience, la pyramide pourra vous être d'un grand secours. La civilisation d'Egypte antique accordait une grande importance au passage de l'autre côté.

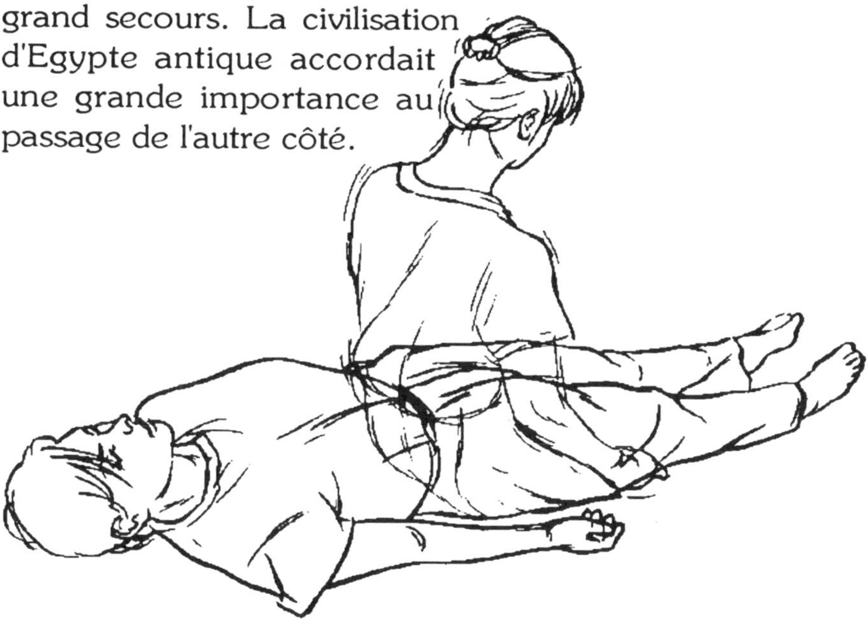

Leur Livre des Morts en témoigne; s'il est d'une grande richesse poétique, il se révèle également d'une précision extrême, qui donne tout lieu de penser qu'on se trouve en présence d'un "mode d'emploi" pour voyageurs hardis.

N'oubliez pas de garder à votre portée un "objet contact"

Si votre pyramide mesure 15 cm de hauteur, vous la suspendrez de manière à ce que son énergie rayonne au niveau de votre tête. Dans une pyramide plus grande, vous vous trouverez en présence de deux possibilités :

a) pratiquer en position de lotus.

En ce cas, la chambre du roi, dans laquelle l'énergie rayonne au maximum d'intensité, se situera au niveau de votre plexus. C'est évidemment excellent pour ce que vous désirez accomplir. Il existe pourtant un inconvénient : il peut vous être difficile de visualiser votre double éthérique s'extrayant de votre corps en position assise.

b) en position couchée à l'intérieur de la pyramide.

La pyramide suspendue nous semble préférable. En effet, surtout si vous accomplissez vos premiers pas dans le "voyage astral" et bien que, dans les faits, aucun obstacle matériel ne puisse entraver l'évolution de votre double, vous risquez de vous sentir gênés par la présence de la structure. Vos premiers voyages devront être courts. Vous garderez, à proximité de votre main, un "objet contact" qui vous permettra de revenir dans votre corps matériel en cas d'angoisse incontrôlable. Le serrer vous fera revenir dans votre enveloppe corporelle. Mais veillez à redescendre en douceur. Les réintégrations brutales ne sont pas toujours agréables. Pour les diverses techniques de dédoublement, nous vous renvoyons aux ouvrages sur la question, car nous nous éloignerions trop du but fixé à cet ouvrage.

Exercices préparatoires pour les voyageurs astraux

Néanmoins, il existe quelques exercices préparatoires qu'il est utile de connaître: visualisez, au milieu de votre front, une horloge. En bas, il est 6 heures, à droite 3 heures, à gauche 9 heures, en haut midi. A présent l'aiguille va se déplacer sur votre front. De midi à trois heures. De trois à six. De six à neuf. Recommencez le trajet dans le sens inverse.

Recommencez cet exercice plusieurs fois. Il facilitera votre "départ". Visualisez, les yeux fermés, votre globe oculaire allant de droite à gauche, puis de gauche à droite, enfin de haut en bas plusieurs fois de suite, puis accomplissant un tour complet sur eux-mêmes. A présent bougez réellement vos globes oculaires.

Certaines respirations permettent également de favoriser le dédoublement : tout en vous concentrant sur le centre de votre poitrine, inspirez durant six secondes, puis retenez votre souffle durant six secondes, expirez pendant six secondes, retenez-vous pendant six secondes... Ces exercices constituent en quelque sorte les préliminaires du dédoublement. Ils rempliront d'autant mieux leur rôle qu'ils seront dynamisés par ce véritable starter des facultés paranormales que constitue la pyramide. Si vous utilisez une pyramide structure, vous entrerez à quatre pattes par la face est. Asseyez-vous en tailleur, dos au nord. Par contre, vous devrez veiller à sortir par la face sud.

CHAPITRE III

CHANGEZ VOTRE DESTIN GRACE A LA PYRAMIDE

Nous avons tous droit au bonheur

La pyramide nous donne un pouvoir inouï : celui de modifier notre destin, ou du moins d'en accélérer les processus naturels. Elle nous met en relation avec les forces latentes de l'univers pour nous permettre de réaliser nos désirs. Comment ? En exacerbant en nous la force de volition contenue dans notre pensée. Notre éducation ne nous apprend pas à vouloir, mais à différer, voire à renoncer. C'est pourquoi nous nous retrouvons souvent frustrés, aigris. Il serait temps de dire que nous avons tous droit au bonheur, à l'amour, à l'argent, bref aux multiples expressions de la Vie. C'est ce voyage que semble nous proposer la pyramide : non seulement partir à la conquête de nous-mêmes au travers d'une évolution spirituelle, mais également nous permettre d'évoluer et d'exploiter au mieux notre potentiel dans le monde matériel de l'ici et maintenant. Amour, argent, sexualité, santé, tels sont les domaines de notre vie auxquels nous pouvons donner un coup d'accélérateur. Nous étudierons ce dernier domaine dans le chapitre qui lui est consacré. Les énergies que vous utilisez ne répondent pas à des critères moraux, mais à des questions d'équilibre et d'harmonie. C'est pourquoi nous ne vous indiquerons que les possibilités d'utilisation de la pyramide allant dans le sens "constructif" d'un épanouissement, d'une ouverture.

L'impact extraordinaire des pyramides colorées

Une des méthodes les plus utilisées en radionique (que l'on pourrait définir comme "une radiesthésie active") est la technique des couleurs. *Chacune des faces de votre pyramide sera teinte, au feutre ou à la gouache, d'une couleur différente : rouge, bleu, vert et jaune. Le vert, couleur du dollar, sera utilisé pour la résolution des problèmes d'argent et en règle générale ceux touchant aux questions des biens matériels, mobiliers, immobiliers ou autres. Cette couleur permet de favoriser une promotion, d'obtenir un travail ou de résoudre un problème d'argent. Le bleu est lié à la forme et à la santé. Le rouge concerne les demandes d'ordre émotionnel ; cette couleur se rapporte aux problèmes affectifs, mais aussi au désir sexuel, à l'amitié, au mariage. Le jaune enfin concernera surtout les démarches spirituelles. Par cette couleur, vous pouvez aider quelqu'un dans son évolution, ou favoriser la rencontre d'une personne qui vous orientera sur votre voie. Elle peut également permettre l'épanouissement d'une relation stimulante sur le plan intellectuel, d'une collaboration efficace ou favoriser l'obtention d'un diplôme ou d'un permis de conduire en stimulant votre capacité d'assimilation et de compréhension.*

Vous allez orienter vers le pôle magnétique la face correspondant au domaine que vous désirez travailler.

Mais auparavant, il sera nécessaire d'effectuer une mise au point de votre désir : délimitez-en les contours. Plus votre volonté sera précise, exacte, mieux elle sera exprimée et plus votre force pensée pourra aller droit au but. Si votre désir est trop flou (par exemple : être riche ne peut être considéré comme un désir précis. Ce qui est important, c'est ce que signifie pour vous le mot "richesse", ce qui la symbolise le mieux à vos yeux) . Vous allez commencer à exercer votre force pensée sur des objectifs minimes.

Pour cela, *après avoir orienté votre pyramide, vous placerez dessous, à la hauteur de la chambre du roi, un papier de la même couleur que la face ainsi orientée. Sur ce papier, vous aurez inscrit, le plus brièvement possible, votre voeu. Pour que celui-ci ait encore plus d'impact, écrivez-le comme si il s'était déjà réalisé, par exemple "telle personne m'aime et je l'aime" ou "j'ai un travail qui me rapporte beaucoup et qui m'aide à m'équilibrer" ou "j'ai réussi mon permis de conduire". Il est important de ne pas douter un seul instant de la réalisation de votre voeu. Chaque jour, pendant une demi-*

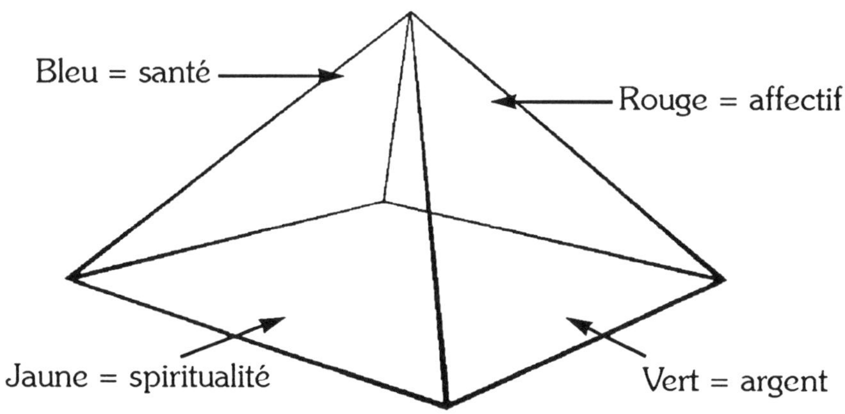

heure, vous aller vous concentrez sur la réalisation de votre voeu, les mains posées sur la face de votre pyramide orientée vers le pôle magnétique. Choisissez de préférence une même heure, qui ne variera pas. Fermez les yeux et tentez de visualiser l'événement une fois réalisé. Ne cherchez pas à entrer dans les détails de ce que sera votre vie. Imaginez simplement une scène ou un objet qui symbolisera au mieux votre réussite. Pendant une, deux ou trois semaines selon la complexité du problème. Vous opérerez en lune montante si votre but est d'améliorer ou de provoquer une situation, en lune descendante si vous cherchez à vous débarrasser d'une situation pesante pour passer à autre chose.

Le pendule égyptien pourra, si vous le désirez, remplacer vos deux mains. Il amplifiera le rôle de catalyseur de votre pyramide. Tournez-le vers la droite pour une amélioration, vers la gauche pour l'élimination d'un problème. Tout dépend de la manière dont est formulé votre souhait. Vous pouvez également utiliser plusieurs pyramides de couleurs différentes, en fonction du problème à résoudre.

Comment personnaliser votre pyramide à souhaits

Si vous possédez quelques talents de dessinateur, personnalisez votre pyramide à souhaits. Sur votre pyramide verte, dessinez le signe du dollar, ou tout autre signe de reconnaissance, évoquant pour vous l'argent d'une manière immédiate. Sur la pyramide rouge un coeur, ou une symbolique plus sensuelle si votre souhait est strictement d'ordre physique. Sur la pyramide jaune et bleue, ce qui vous semble le mieux représenter l'orientation et l'usage que vous souhaitez lui donner. Une autre variante de cette opération consiste à la pratiquer en étant soi-même chapeauté d'une pyramide. Il est très

important, même si vous possédez une pyramide multi-souhaits, de n'en exprimer qu'un seul à la fois et de consacrer à chacun des séances différentes. Lorsque votre voeu sera réalisé, vous devrez brûler votre papier.

De la force pensée à la magie rituelle

Entre l'émission de force pensée et la haute magie, il existe une frontière ténue. Pour les mages il s'agit, comme l'exprime le sorcier Jacques Rubinstein, de "féconder l'événement". Comment définir autrement l'action de la pyramide ? Nous allons à présent franchir cette frontière, en vous parlant de la magie d'amour ou "retour d'affection". C'est une magie que vous ne devez pratiquer que si vous pensez que les deux personnes que vous allez unir - vous pouvez parfaitement être l'une de ces deux personnes - sont vraiment faites l'une pour l'autre. Ne l'utilisez pas pour une passade. Il existe des magies de désir très efficaces. Mais dans bien des cas, la seule magie du désir suffit.

Tant que vos deux photos sont sous la pyramide, elles bénéficient de son énergie

Pour pratiquer ce que l'on nomme communément "magie d'amour", prenez une photo de l'homme et de la femme que vous souhaitez rapprocher et placez-les face à face, un peu comme si elles s'embrassaient. Unissez-les en transperçant la photo de l'homme de cinq épingles pour les faire ressortir de l'autre côté. Puis percez la photo de la femme de quatre épingles qui la cloueront étroitement à la photo de l'homme. Placez ensuite les deux photos à l'intérieur de votre pyramide, en ayant soin d'orienter les épingles en position nord sud. Vous devrez bien, avant de vous engager dans une telle action, peser le pour et le contre car, si vous ignorez certaines données, elle pourrait avoir des répercussions inattendues. Vous pratiquerez cette opération en lune montante.

Le résultat devrait intervenir dans les 21 jours suivants. Tant que les deux photos seront sous pyramide, elles bénéficieront de son énergie. Mais si votre propre volonté, votre propre séduction ne prennent pas le relais, vous ne ferez qu'entretenir une magie de pouvoir dont l'autre chercherait à tout prix à se débarrasser.

A mi-chemin entre l'expression de votre force de volition et la haute magie se trouvent les expériences que nous allons décrire sur le Tarot de Marseille. Nous avons vu que ce tarot agissait directement sur notre cortex cérébral, qu'il stimule par l'intermédiaire ses formes, ses couleurs et ses symboles.

Les ondes de forme émises par le Tarot de Marseille (bâti selon la divine proportion) sont sensiblement de même nature que celles émanant de la pyramide. Il est difficile de dire si le Tarot possède les mêmes effets physiques, car peu d'expériences ont été menées dans ce sens. Il faudrait savoir choisir les lames les mieux adaptées à ce type de recherches, et donc mener une grande multiplicité d'expérimentations.

Des symboles qui appartiennent à l'inconscient collectif

On connaît cependant l'influence du Tarot de Marseille, non seulement sur notre psyché, mais également sur notre existence toute entière. Les symboles qu'utilise le Tarot sont universels. Ils appartiennent à cet inconscient collectif découvert par Carl Jung. Ils nous sont donc directement accessibles. Les couleurs ne se réfèrent pas, de même, à une symbolique complexe mais aux couleurs de la Nature. Un peu d'observation et de bon sens nous permettent d'en appréhender rapidement le sens principal... et d'en capter l'énergie. Car, même si cet aspect intrigue encore bon nombre de chercheurs, les couleurs émettent des vibrations plus ou moins fortes, parfaitement perçues par les personnes sensitives. Le tarot, comme la pyramide, développe ce type de sensitivité. Pour développer votre sensibilité aux ondes émanant d'une couleur et à l'effet qu'elles produisent sur votre organisme, utilisez des petits cartons de couleur (du papier Canson fera très bien l'affaire) et passez au-dessus d'eux votre pendule égyptien.

Testez la puissance vibratoire de votre tarot de Marseille, avant et après exposition pyramidale...

Il tournera plus ou moins vite, dans un sens ou dans l'autre, selon le degré d'intensité des couleurs. A présent, vous allez effectuer le même test, à un variable près : vous éprouverez le degré de "chaleur" ou de "froideur" des couleurs après qu'elles aient séjourné une bonne heure sous pyramide. Vous reproduirez le même test avec les arcanes majeurs du Tarot, au nombre de 22, puis avec les 4 as (as de coupe, de bâton, d'épée et de denier). Vous n'êtes pas obligé de tester ainsi chaque lame. Il suffira de quelques-unes pour vous persuader de la dynamisation du potentiel énergétique de vos cartes par la pyramide. Il se peut que vos premières expériences ne soient pas déterminantes, surtout si votre tarot et votre pyramide sont d'achat récent. Vos instruments devront d'abord être "rodés". Il devront s'imprégner de votre personnalité pour mieux vibrer sur votre fréquence. Pour cela, il est nécessaire d'en faire un usage quotidien. Vous devez manipuler souvent vos cartes et votre pyramide, établir le contact avec elles. Cette période d'apprentissage achevée, vous pourrez constater une différence notable. Les cartes vous parlent plus immédiatement. Votre émotion est plus forte. Vos impressions, vos sensations sont moins floues. Vous êtes maintenant à même de projeter cette énergie vers la personne dont vous souhaitez recueillir les faveurs, ou vers le but que vous vous êtes fixé. Là encore, vous pouvez avoir recours à la pyramide colorée, bien que cela ne soit pas, dans ce cas, indispensable.

Pour une magie de désir, placez le Diable ou l'As de Bâton sous votre pyramide

Si votre but, par exemple, est d'envoyer une énergie de nature strictement physique, sexuelle, vous pouvez placer sous la pyramide le Diable ou l'As de Bâton. Si en revanche, votre aspiration est très sentimentale et que ce sont ces sentiments auxquels vous souhaiteriez trouver écho, servez-vous de l'Amoureux ou mieux, de l'As de Coupe. *Pour une promotion ou la résolution d'un problème monétaire, projetez l'As de Denier ou l'Empereur. Sans doute songerez-vous plus volontiers à la Roue de Fortune. Mais cette carte ne doit être utilisée qu'avec parcimonie. En effet, la Roue de Fortune favorise le changement radical ou l'évolution fulgurante d'une situation. Mais elle ne s'adapte pas à toutes les demandes. Avant de mieux faire connaissance avec le Tarot, nous vous recommanderons plutôt d'utiliser les deux arcanes précédents. Si vous désirez la résolution rapide d'une situation conflictuelle (trancher le noeud gordien), l'As d'Epée sera la carte qui vous est le mieux adaptée. Pour faire fructifier un commerce ou pour trouver un emploi, utilisez le Bateleur. Mais si vous êtes persuadé que l'univers (ou Dieu, ou la Force de Vie) pourvoie à tous vos besoins si vous êtes en harmonie avec lui, vous pouvez choisir de projeter l'As de Coupe, carte de la réception par excellence. Pour le mariage et les associations, l'Amoureux encore. Ces cartes seront orientées vers le nord magnétique, face tournée contre le sommet de la pyramide. Si vous souhaitez véritablement trouver votre complément féminin ou masculin, utilisez l'Empereur ou l'Impératrice. Avec vos deux mains ou le pendule égyptien, reliez-vous à la chaîne pyramidale et pensez fortement à votre souhait, sous forme d'une phrase très brève ou d'une image extrêmement concise. Poursuivez cette opération aussi longtemps que nécessaire.* Si votre pyramide n'est pas assez large, sachez qu'il existe des tarots en modèle réduit tout aussi efficaces. Cette méthode peut être utilisée seule ou combinée à celle des petits papiers. En ce cas, le papier pourra être placé sur votre carte. De même, s'il s'agit d'un objet appartenant à la personne dont vous souhaitez une réciprocité ou lié d'une manière quelconque à votre demande. En revanche, si vous utilisez une photo, vous devrez placer la carte au-dessus, face tournée vers le visage de la personne qu'elle représente.

Vous avez aussi la possibilité de tenir la carte la mieux adaptée à votre demande dans votre main, étant chapeauté vous-même d'une pyramide ou sous une pyramide suspendue. En ce cas, votre carte devra être tournée face vers le ciel, le haut de la figure étant tourné vers votre poignet. Vous la tiendrez dans la main droite. Excepté dans deux cas : l'as de coupe et l'as de denier. En effet, vous recevez, dans ces deux cas, l'énergie plus que vous ne l'envoyez. Tout est question de fréquence. La pyramide, alliée au tarot, constituera le coup de pouce nécessaire à votre destin pour avancer et bénéficier de la générosité de l'univers (ou de Dieu, si vous êtes religieux) . Pyramide et Tarot sont essentiels pour une bonne santé spirituelle. Et une bonne santé spirituelle s'exprime d'abord par une satisfaction des besoins matériels. **Murphy** l'a dit *"La pauvreté est une maladie mentale"*. Et nous sommes tous plus ou moins atteints. La richesse spirituelle, contrairement à ce que nous a enseigné notre éducation, peut parfaitement s'accommoder d'une richesse matérielle, parce que l'argent, comme l'amour, est une énergie, une fréquence et qu'il est dans l'ordre de la vie que cette énergie circule librement, dans notre existence et autour de nous, comme le sang et la lymphe dans notre corps. Il est important de ne révéler à personne ce que vous venez de faire. Votre rituel perdrait de son efficacité, car vous disperseriez alors l'énergie de votre volonté. Si vous laissez vos cartes ou votre voeu perpétuellement sous pyramide jusqu'à l'accomplissement de vos désirs, choisissez un moment précis de votre journée où, pendant quelques secondes, vous vous concentrerez sur votre pyramide, de la même manière que si elle était présente. Vous renforcerez de cette manière votre faculté volitive et accélérerez l'accomplissement de votre voeu. S'il s'agit d'une promotion par exemple et que vous vous trouviez précisément dans votre bureau, visualisez votre patron en train de vous annoncer votre promotion. Sa proximité ne peut qu'être bénéfique à l'accomplissement de vos projections mentales. N'oubliez pas que votre travail d'évolution spirituelle, tout comme l'exercice de votre pouvoir de volonté sur les événements, ne s'arrête pas aux exercices pratiqués sous ou avec la pyramide. Le travail sous pyramide n'en est qu'une facette, le catalyseur, le dynamisateur. Mais la vraie source en laquelle vous trouverez les solutions à vos problèmes, c'est en vous-même.

La pyramide ne fait qu'accélérer un processus naturel : celui de la connaissance de soi et de l'utilisation de son potentiel. Certaines personnes emploient la technique du "mot clé" et ne peuvent que se louer de son efficacité. *Le mot clé est un code secret qui vous permettra de projeter votre volonté avec plus d'efficacité. Vous seul connaîtrez la portée de cette phrase, ou de ce mot, apparemment anodin, mais qui vous reliera directement ; à l'énergie de votre pyramide. Ce mot, vous pouvez soit le penser fortement, soit le prononcer, en veillant à ce qu'il s'insère aisément dans votre phrase. Cette technique est à pratiquer lorsque vous vous trouvez face à la personne susceptible de changer votre destin. Sans savoir pourquoi, elle sera favorablement impressionnée, parce que ce mot servira de déclencheur à votre volonté et renforcera le voeu dont vous avez confié la réalisation à votre pyramide.* Plus vous pratiquerez ce type d'exercices, plus votre connexion avec votre pyramide deviendra rapide et efficace, à la manière d'un Minitel. *Pour renforcer votre voeu de la manière la plus discrète possible et ce, surtout si votre voeu concerne le lieu où vous vous trouvez (par exemple pour une promotion), dessinez sommairement votre pyramide sur un papier plié en quatre dans votre poche. A certains moments de la journée, que vous aurez définis à l'avance, glissez la main dans votre poche, étreignez votre morceau de papier et concentrez-vous fortement sur la réali-*

sation de votre souhait. Les timides objecteront que le papier risque de tomber de leur poche... Pour parer à cet inconvénient, vous pouvez placer sous votre pyramide, si votre voeu est d'ordre professionnel, un billet de 100 F ou de 500 F. Dans votre poche, un autre billet de 100 F ou de 500 F vous permettra d'entrer en résonnance. Attention ! Car le billet que vous placez sous pyramide ne pourra être utilisé pour vos besoins personnels une fois votre désir réalisé. Il devra être brûlé ou donné. Vous pouvez bien entendu utiliser un simulacre, par exemple un billet de Monopoly. Votre force de volition n'en devra qu'être plus éloquente; en effet, vous devrez fermement croire, pendant le temps nécessité par la réalisation de vos souhaits, à la valeur réelle de cet argent, sans quoi vous courez le risque d'être payé en "monnaie de singe", c'est à dire en promesses, ou par une promotion sociale ne s'accompagnant pas d'avantages financiers. Si vous souhaitez utiliser votre pyramide dans un but précis et unique, le rituel amoureux pourra s'accompagner de débordements sexuels, s'il s'agit d'un rite de désir. Mais il ne vous faudra jamais perdre de vue que ce n'est pas le plaisir que vous y recherchez, mais l'expression de votre volonté sexuelle (ce que **Wilhem Reich** appelait l'orgone) qui se conjuguera à l'énergie de votre pyramide. Si le rite est de type sentimental, personnalisez votre pyramide, en y vaporisant quelques gouttes du parfum de celle que vous avez choisie.

La pyramide vous permet d'effectuer de la "numérologie active"

Les initiés savent combien la magie est en étroite relation avec les mathématiques. Il existe des nombres agissants, qui peuvent réellement modifier votre destin. Par exemple le 19, très prisé des radiesthésistes qui ont remarqué au pendule que ce nombre émettait d'importantes vibrations : ce que vous pourrez constater vous-même avec votre pendule égyptien. En plaçant le 19 dans la chambre du roi, vous dynamiserez tous les aspects de votre vie de manière positive. Vous devez avoir une confiance absolue. Le 9 vous permettra de terminer un cycle, de changer d'horizon. Dans le cadre d'un rituel amoureux, si vous êtes quelque peu versé en numérologie (il existe d'excellents ouvrages sur la question), vous pourrez unir vos deux "chemins de vie". Rappelons que le chemin de vie est calculé en fonction du nom, du prénom et de la date de naissance. Pour ce faire, vous pouvez soit coller face contre face (votre chiffre étant au-dessus) deux petits papiers sur lesquels vous aurez inscrit vos chemins de vie, soit placer votre chiffre au niveau de la chambre du roi et celui de votre complément sous la pyramide, l'énergie des pyramides se diffusant comme nous l'avons fait remarquer vers le bas. Pour vos rituels d'amour, une méditation quotidienne sur le chiffre 6 placé sous pyramide vous ouvrira des mondes insoupçonnés. Le 6 est en effet le chiffre de la Déesse Aphrodite, étant la multiplication du premier chiffre impair/masculin s'éloignant de l'unité par le premier chiffre pair/féminin. Dans l'Antiquité, on pratiquait les rites d'amour entouré de six bougies rouges, ou blanches s'il s'agissait de sentiments plus "purs". Si vous êtes particulièrement ambitieux, le chiffre 22 aura une grande influence sur votre vie. Là encore, vous pouvez associer diverses disciplines entre elles. Si vous souhaitez dynamiser tous les aspects de votre vie, placez derrière votre chemin de vie, inscrit sur une feuille de papier, la lame du Soleil ou de la Tempérance, pour une meilleure circulation des énergies. Cette carte aide à la concentration. Les idées deviennent fluides et un équilibre s'établit entre l'action et le mental. Pour les personnes qui ont tendance à se disperser, une méditation sous pyramide, la carte de la Tempérance dans la main gauche (afin de recevoir l'énergie régulatrice de la pyramide) s'impose.

Rendre vraiment actives des images sacrées, quelle que soit la religion à laquelle elles se réfèrent...

Bien qu'elle fût d'origine égyptienne, la forme pyramidale s'est ancrée dans l'inconscient collectif de l'humanité. C'est pourquoi son pouvoir est absolument oecuménique et ne dépend d'aucun type de croyance. Seule la foi et son indispensable corrolaire la volonté ou, autrement dit, la foi agissante, quelle qu'en soit la nature, est importante dans l'accomplissement de vos travaux sous pyramide. Il est essentiel de se sentir en relation avec cette Force de Vie qui dispense ses bienfaits autour de nous. En raison de son oecuménisme même, la pyramide n'entre en désaccord avec aucun type de pratique magique - la prière est un acte magique - à condition qu'elle soit en harmonie avec la Force de Vie. Si une personne jalouse vous veut du mal et contrecarre systématiquement tous vos projets, la pyramide vous permettra de l'écarter... à condition que ce soit pour trouver sa propre voie. Les pouvoirs de la pyramide ne reposent pas sur une notion de Bien ou de Mal, mais sur une notion d'équilibre. Ce que l'on prend d'un côté, il faut savoir le restituer de l'autre pour respecter l'harmonie des énergies universelles. Une des utilisations magiques les moins connues de la pyramide est ce qu'on pourrait appeler "l'activation" des images sacrées. Nous oublions trop souvent que les images des saints ne sont faites que pour nous permettre d'entrer physiquement en contact avec eux, ou plutôt avec l'énergie, la fréquence qui est la leur. Si la communion ne se fait pas au niveau énergétique, la prière a échoué. Les ecclésiastiques de haut niveau le savent bien. De par leur but commercial même, les icônes ou statues vendues au grand public, ne sont plus, au moment où vous les acquérez, que des objets "inertes", c'est à dire dépourvues de toute fonction magique de contact, de communion. Pour être réellement efficaces, excepté bien sûr si vous avez su développer dans d'importantes proportions votre double pouvoir de volition et de médiumnité, pour être efficaces disions-nous, vos objets devront impérativement être "chargés", c'est-à-dire rendus à leur fonction originelle, à leur rôle sacré. Au niveau de la chambre du roi, placez, une nuit durant, médailles protectrices, images représentant le Christ, les saints, les saintes ou la Vierge. Sous une pyramide suspendue, vous pourrez également placer toutes sortes de statuettes à leur image. Une telle démarche peut, à priori, sembler antinomique. Elle ouvre pourtant les portes d'une communion réelle et permet d'accéder à des états de conscience supérieurs. Vous constaterez combien la prière vous est plus facile face à l'image ainsi dynamisée, qu'il s'agisse d'une prière de paix, de demande ou simplement d'élargissement de conscience.

Horus, Christ et Bouddha

Vous pouvez choisir de vous référer à la mythologie égyptienne, mais en ce domaine, il convient d'être prudent. Ne dynamisez pas une image dont vous ignorez le sens. Cette recommandation est très importante. Certaines entités du panthéon égyptien peuvent, en effet, s'avérer extrêmement perturbantes. La même prudence s'impose quant aux divinités indiennes... du moins si vous ne connaissez pas tous les tenants et les aboutissants des dieux auxquels vous vous référez.

En revanche, l'usage d'un Boudha, symbole de paix, d'harmonie et de sérénité ne rencontre aucune objection, en particulier, si le but recherché est l'apaisement des tensions, l'aplanissement des obstacles et l'augmentation de votre faculté à gérer les stress quotidiens.

Spiritisme et pyramides

Nous estimons nos lecteurs responsables, c'est pourquoi nous ne pouvons passer sous silence les prodigieux résultats obtenus en spiritisme grâce à la pyramide. Cela n'a rien d'étonnant car la mort est omniprésente dans la religion égyptienne, non comme une fin mais comme un passage, une métamorphose. Si, lors de votre séance, vous placez la photo de l'être disparu qui vous est cher sous pyramide, les résultats n'en seront que plus convaincants. Dans ce cas de figure, cependant, vous n'êtes plus protégé par la pyramide. Vous pouvez avoir recours à une seconde pyramide que vous placerez au sommet de votre crâne ou dans un cercle tracé à la craie ou avec du gros sel tout autour de votre table. De même, la pratique du Oui-Ja atteindra une grande intensité si elle est pratiquée sous pyramide suspendue.

Cependant, nous ne pouvons encourager de telles pratiques, car elles sont bien souvent déstabilisantes. Nous ne savons au juste à quoi nous nous adressons : au corps éthérique de celui que nous invoquons ou à une larve errante qui en prend l'apparence et se nourrit de notre esprit ?

Loto, tiercé...
Favoriser les gains aux jeux de hasard

Nous avons parlé tout à l'heure de la magie des chiffres et une question s'impose : la pyramide peut-elle favoriser les gains aux jeux de hasard ? La réponse est indubitablement "oui". Nous pensons que les jeux de hasard sont dépendants de la faculté de volition des individus. Pour gagner, notre pensée doit être plus forte que celle de tous les joueurs. Nous l'avons dit, l'argent est une énergie, une fréquence sur laquelle nous avons la possibilité de nous "brancher" cosmiquement. Bien que difficilement démontrable scientifiquement, cette théorie est parfaitement vérifiable dans les faits. Un conseil : ne visez pas dès le premier abord de grosses sommes. Un gros gain n'est pas impossible, mais nécessite un exercice constant de votre volonté. Considérez-vous pour l'instant en répétition, en apprentissage. Vous allez suspendre votre pyramide au-dessus de votre bureau. Fermez les yeux et videz votre esprit de toute pensée. Il est difficile de parvenir au "blanc" total et, surtout dans vos débuts, certaines pensées parasites se manifesteront. Ne leur prêtez pas attention. Vous ne feriez que les renforcer. Cependant, plus vous approcherez du vide mental et mieux ce sera. Si vous n'y parvenez pas, visualisez une couleur apaisante. *Après dix minutes de cette relaxation, prenez votre bulletin de loto. Commencez à inscrire vos chiffres, toujours sous pyramide. Laissez parler votre intuition, stimulée par le rayonnement pyramidal. Agissez de même pour vous concentrer sur les chevaux gagnants d'un tiercé. Puis laissez reposer, une nuit durant, avant d'aller jouer votre bulletin. Vous serez très étonné de constater que vos gains augmentent dans des proportions intéressantes.*

En Occident, l'équilibre spirituel passe nécessairement par l'équilibre matériel

Les puristes objecteront sans doute que les jeux de hasard ne relèvent pas précisément d'une démarche spirituelle et trouver sacrilège qu'on mêle, par exemple, pyramide et loto. Mais l'équilibre spirituel passe aussi quelquefois, dans nos sociétés occidentales, par l'équilibre matériel.

Il convient cependant, avant de jouer, de vous interroger sur vos motivations. Ce que vous allez gagner, allez-vous vous en servir pour éclairer votre vie et celle des autres ou allez-vous vivre dans l'obsession de l'argent et des gains ? N'oubliez jamais que l'argent doit circuler dans votre vie.

Une dynamique de pensée finit presque toujours par créer une dynamique d'action. En assainissant nos pensées, nous pouvons donc activer positivement tous les domaines de notre vie. De nouveau, vous utiliserez des morceaux de papier que vous placerez sous votre pyramide, après y avoir inscrit des pensées en accord avec les changements que vous souhaitez voir intervenir dans votre vie. Commencez votre travail par des pensées simples, comme ce fondement de la méthode Coué "Chaque jour, à tout point de vue, je me porte de mieux en mieux".

Des phrases comme "l'argent circule librement dans ma vie" "ou "chaque jour, je prends davantage conscience de ma volonté, de mon courage" ont été maintes fois éprouvées quant à leur efficacité.

Tournez votre pendule égyptien vers la droite au sommet de la pyramide en vous concentrant fortement sur la phrase inscrite. Il vous faut cependant accepter les changements qui vont intervenir dans votre vie pour que cette résolution s'applique.

Vous serez nécessairement confronté à ce que votre peur d'agir cache. Ce ne sera pas nécessairement agréable, mais vous ne regretterez pas les résultats, définitivement acquis.

Si vous pratiquez des exercices de pensée positive, ils prendront une toute autre dimension en les pratiquant chapeauté d'une pyramide ou sous une pyramide suspendue.

Là encore, pourtant, il vous faudra respecter une certaine constance dans les pensées que vous travaillez. Vous ne travaillerez qu'une seule pensée à la fois et lorsque vous la jugerez parfaitement intégrée à votre vie, vous pourrez aborder un autre aspect de votre existence ou de votre individualité que vous souhaitez modifier. Une méthode des plus efficaces consiste à passer des "contrats avec soi-même". Dans un premier temps, choisissez des tâches faciles à réaliser.

Lorsque vous aurez totalement maîtrisé le processus et assimilé qu'un changement mental s'accompagne nécessairement par un changement d'attitude face à la vie et des changements matériels, vous pourrez envisager des "contrats" plus complexes".

Passer des contrats avec soi-même

Travaillez à heures régulières avec votre pyramide, sous laquelle vous aurez glissé votre contrat. Celui-ci devra être formulé en termes simples et directs. "Moi (votre nom) je m'engage à réaliser telle entreprise d'ici le..." ou "Moi (votre nom) je m'engage à arrêter de fumer à partir de...". Il est important de signer votre contrat. Vous vous engagez véritablement vis-à-vis de vous-même. Si vous ne parvenez pas au but atteint à la date fixée, pas de panique !

Votre contrat prévoyait des délais trop courts, que vous n'avez pu honorer. Vous avez surestimé votre force de volition. Un contrat peut être annulé ou renouvelé.

Par exemple, un contrat modulable portera la mention "je m'engage à ne plus fumer à partir du... pour une période de...", le contrat étant bien sûr renouvelable par accord tacite.

Les timides, qui n'osent déclarer leur flamme, peuvent passer le type de contrat suivant "moi untel je m'engage à déclarer ma flamme avant le" ou "à séduire untel avant le tant, car j'en ai les capacités".

Si vous échouez souvent par manque de volonté, signez le contrat suivant : "moi untel, je m'engage à faire chaque jour preuve d'un peu plus de courage et de persévérance, car c'est là ma nature profonde,car j'en ai la possibilité". Il n'existe pas à proprement parler de "contrat type" : c'est à vous de l'établir en fonction de vos désirs, de vos possibilités de volition, que la pyramide accroîtra par un exercice régulier, mais aussi de votre personnalité. Personne n'ira scruter sous votre pyramide. Ne cherchez pas de phrases compliquées. Écrivez dans votre propre langage, puisque c'est vis-à-vis de vous-même que vous vous engagez. Pour vous aider, vous pouvez rédiger votre contrat sous une pyramide suspendue. Vous devrez repenser chaque jour aux termes de votre contrat et le dynamiser avec régularité. Lorsque vous l'aurez mené à bien, vous pourrez l'extraire de la pyramide et brûler votre contrat, peut-être pour le remplacer par un autre, car la pyramide nous offre la possibilité de concourir chaque jour à notre évolution.

"Programmer" un cristal sous pyramide

Nous avons vu, lors du chapitre concernant les facultés médiumniques, que pyramide et cristal aiguisaient leurs énergies l'une à l'autre. Si cette particularité est mise en relief dans les phénomènes de voyance par le biais de la boule de cristal, elle s'exprime de manière particulièrement énergique en ce qui concerne les cristaux programmés. Votre pouvoir de volition, littéralement porté par le "cristal" ou "le déva du cristal", s'enrichira du contact de la pyramide.

Programmer un cristal consiste à le charger d'une mission spécifique, à condition que celle-ci soit en accord avec l'équilibre cosmique. Jour après jour, votre pensée, toujours la même, s'imprimera dans la mémoire du cristal, qui la projettera à travers l'espace et le temps pour la diffuser et la faire germer, comme une graine que vous sèmeriez dans l'immense jardin du monde et qui pousserait à vitesse grand V, pour devenir l'arbre de

votre désir. Votre énergie étant une énergie active, vous le chargerez en le prenant dans votre main droite. Mais, lorsqu'au bout d'une quinzaine de jours, cette opération sera terminée ; c'est dans la paume de votre main gauche que vous prendrez le cristal, pour recevoir l'énergie qui vous est envoyée, nécessaire à l'accomplissement de votre voeu. Vous pouvez également tenir le cristal entre vos paumes jointes, comme en prière, de manière à équilibrer les forces d'émission et de réception. Si vous programmez votre cristal, chapeauté d'une pyramide ou en vous plaçant sous une pyramide suspendue, son impact sera beaucoup plus puissant et vos désirs se réaliseront plus vite que vous ne l'imaginez. Il est important de ne jamais vous concentrer sur les moyens qui vont permettre à un projet (projet de vie, professionnel, amoureux...) de devenir réalité. Ce qui est important, c'est de diriger votre énergie vers le but. Les moyens naîtront d'eux-mêmes et vous êtes sans doute très loin de vous imaginer quels seront vos meilleurs alliés. *Pour envoyer l'énergie du cristal, associée à celle de la pyramide, vous pouvez vous placer sous la pyramide. Il sera plus profitable de fixer votre cristal (de préférence un cristal de quartz naturel) au sommet, de telle manière que son énergie se diffuse sur la chambre du roi. L'énergie sera alors répercutée avec une violence accrue. L'association cristal - pyramide peut s'unir à un troisième élément : les phosphènes. Elle est si riche qu'elle a poussé à la création de petites pyramides de cristal. L'énergie envoyée à travers ces pyramides en cristal est proprement inouïe. Des télépathes chevronnés ont pu en tester l'efficacité, certifiant que la qualité et la netteté du message reçu étaient de beaucoup supérieures aux effets obtenus par la pyramide seule, et même par l'association cristal-pyramide. Si votre voeu porte sur un domaine plus que sur un désir particulier, il conviendra de réactiver votre cristal tous les quinze jours, de le purifier en l'exposant une nuit complète sous pyramide, mais cette fois-ci en bas, pour être régénéré et nettoyé par l'énergie pyramidale. Un cristal programmé sous pyramide peut également vous aider à vous mettre en relation avec votre pyramide à souhaits, dont elle captera aisément l'énergie.* Outre ses qualités énergétiques, l'apport du cristal est ici évident puisqu'il peut vous permettre d'accomplir vos exercices de projection mentale et de force-pensée avec une puissance au moins égale à celle que vous obtiendriez sous pyramide. Et ce, sans éveiller l'attention de quiconque puisque la manipulation du cristal, sorte d'antenne qui vous relie à votre pyramide, peut s'effectuer très discrètement.

Formez une "chaîne pyramidale"...

Sur votre chemin, vous rencontrerez certainement des personnes intéressées comme vous par les expériences sous pyramide. Or, sur le plan de l'énergie, l'union fait la force et une idée-force mise en commun peut précipiter l'événement. Ainsi, vous serez peut-être amené à créer une "chaîne magique". Une fois par semaine, vous vous réunirez pour, d'un commun accord, vous livrer à des expériences de force-pensée sous pyramide. Il est important de maintenir certaines règles pour assurer la cohésion spirituelle de votre groupe et ne pas vous livrer à une dispersion des énergies. *La pensée-force qui dirige votre groupe devra être la même pendant un ensemble de séances que vous définirez à l'avance. Elle devra être directe, mais non précise. Par exemple, Amour Argent Paix ou Evolution. Pour que votre pensée soit forte, vous ne devrez pas vous concentrer sur votre problème personnel mais sur cet axe général, avec ce qu'il représente en général. De cette manière, votre groupe créera ce qu'on nomme un "égrégore", une force agissante dont chacun des membres bénéficiera. Il est également possible de pratiquer ces séances de manière individuelle, c'est-à-dire, chacun demeurant dans son propre appartement. Pour conserver toute leur puissance, ces exercices de volition en commun devront être réalisés au même moment par chacun des membres du groupe. Si votre groupe est restreint (par exemple, trois ou quatre personnes) vous aurez la possibilité de vous consacrer tous ensemble au problème d'un seul des membres du groupe, puis de passer au suivant et ainsi de suite. Cette méthode, particulièrement efficace, vous permettra d'obtenir des résultats sous quinzaine, quelquefois même beaucoup moins.*

Pour former un groupe homogène, il nous paraît nécessaire d'opter pour un mode de transmission commun. Déterminez à l'avance, pour chaque série de séances, si les membres du groupe seront chapeautés d'une pyramide, utiliseront la technique des petits papiers, auront recours aux cristaux, aux phosphènes, au Tarot de Marseille. L'usage d'une technique commune permettra d'obtenir un groupe beaucoup plus soudé, et donc une volonté plus forte, plus précise dans son impact. Si votre groupe est principalement tourné vers la méditation et l'équilibre spirituel, vous pouvez expérimenter toutes les techniques précitées et comparer leurs effets. Par exemple, une partie du groupe peut choisir de travailler avec des cristaux, tandis que l'autre travaillera sans, une partie en concentrant son attention sur les "mots témoins" Paix ou Equilibre placés au niveau de la chambre du roi, l'autre chapeautée d'une pyramide. Pour que l'expérience soit probante, au bout d'une période que vous aurez décidée ensemble, les rôles seront inversés. Vous posséderez alors des éléments de comparaison.

Cependant, l'efficacité de telle ou telle méthode par rapport à telle autre n'est pas uniforme. Il existe également des questions d'affinité, que ce soit avec la matière d'une pyramide ou avec un cristal particulier. Vous sortirez de ces séances dynamisé ou épuisé, selon que vous aurez absorbé suffisamment ou trop d'énergie. L'adaptation à vos besoins se fera naturellement au fur et à mesure des séances.

Si vous possédez une pyramide structure, vous pourrez généralement constater que les exercices de yoga, particulièrement en ce qui concerne les respirations, sont d'autant plus bénéfiques à votre organisme et à votre mental. Il n'est pas toujours aisé de les pratiquer, chapeauté d'une pyramide. En revanche, vous pouvez former un groupe dans lequel chacun suspendra sa pyramide, ou pratiquer collectivement la dynamisation des chakras. Les effets de la "méditation du soleil" seront également plus forts si elle se pratique à plusieurs.

CHAPITRE IV
PYRAMIDES ET MAGNETISME

La pyramide accélère le processus d'auto-guérison

Une médecine holistique, c'est-à-dire prenant en compte non seulement tous les aspects d'un individu, mais également toutes les méthodes susceptibles de lui apporter un mieux-être, une telle médecine disions-nous prendrait certainement en compte l'énergie des pyramides. Si on ne peut décemment prétendre que la pyramide guérisse, on peut en revanche affirmer qu'elle accélère le processus d'auto-guérison. Nous possédons bien souvent dans notre corps même (et dans notre mental...) les possibilités de nous guérir. Seulement, cette faculté d'auto-régénération a souvent besoin d'un petit coup de starter pour mettre en branle son mécanisme. La pyramide joue aisément ce rôle. Des expériences ont démontré que l'énergie des pyramides était de nature similaire à celle du magnétisme humain. Cela est particulièrement sensible dans deux cas : l'action sur la viande et sur l'eau. Dans le premier cas, la viande (nous observerons dans le chapitre sur les effets physiques, dans quelles proportions) se momifie, tout en restant consommable. Il est curieux de constater que cet exercice est le test-clé utilisé dans les cours de "magnétisme animal". Dans le second cas, l'eau prise au robinet acquiert toutes les qualités de l'eau de source. Notons qu'un animal, ayant à choisir entre une eau "dynamisée" et une eau qui ne l'est pas, choisit presque toujours la première.

Placer une pyramide au-dessus de la cage d'un oiseau neurasthénique peut lui rendre la joie de vivre !

Les chiens et chats, lorsqu'ils sont blessés se réfugieront, le temps nécessaire à leur régénération, sous une pyramide structure. On a pu également constater qu'une pyramide suspendue au-dessus de la cage d'un oiseau neurasthénique lui rendra sa joie de vivre. Mais revenons à notre eau : les nouvelles propriétés de votre eau sont sensiblement identiques à celles obtenues à l'aide d'un cristal, d'aimants, ou par le magnétisme humain.

De là à penser que cette eau possède des vertus curatives et à envisager la possibilité d'une intensification du processus d'auto-guérison, il n'y avait qu'un pas à franchir. Il fut rapidement franchi par les expérimentateurs. Les résultats de leurs expériences devaient leur donner raison.

Boire de l'eau magnétisée sous pyramide (pour une efficacité maximum, placez un verre d'eau, une nuit durant, sous votre pyramide suspendue) favorise considérablement la formation des anticorps et en règle générale l'auto-immunisation. Il existe de nombreuses méthodes pour se servir de la pyramide à des fins d'amélioration de vos problèmes de santé.

N'oubliez jamais que votre pyramide ne constitue qu'un complément de traitement !

Néanmoins, n'oubliez pas que la pyramide ne constitue qu'un complément de traitement. Vous devez absolument suivre les conseils de votre médecin. La pyramide ne fait qu'accélérer le processus de guérison.

Inutile, dans ce domaine, de jouer aux apprentis sorciers, en tentant par exemple, de faire fondre une aspirine dans un verre d'eau soumis à l'énergie pyramidale. Vos médicaments sont exactement dosés et les dynamiser serait accroître, de manière dangereuse, leurs vertus corrosives. Un médicament efficace n'est par définition pas neutre.

Certains expérimentateurs (dont Serge King, l'auteur du fameux "Manuel de l'énergie des pyramides" et Drbal, précédemment cité) évoquent l'action des pyramides sur les migraines. C'est pourtant l'un des cas où son efficacité nous semble la moins probante. Dans certains cas, le soulagement ne peut intervenir qu'une heure après avoir été exposé au rayonnement pyramidal, dans d'autres, il se manifeste un mieux après une dizaine de minutes.

Nous ne pensons pas que ces soulagements soient directement liés à la pyramide. On peut aisément parvenir au même résultat sans. En revanche, l'action sur les blessures et les hématomes est dans bien des cas très spectaculaire.

Dix minutes d'exposition sous pyramide favorisent la cicatrisation dans des proportions importantes. Elle apporte la plupart du temps un soulagement à la douleur, ce qui ne signifie pas une guérison.

Une méthode préventive

Quelle que soit la partie du corps que l'on place sous la pyramide, son rayonnement gagnera le corps tout entier, sous forme apparente de frissons qu'on pourrait assimiler à de l'électricité statique. Ainsi, si vous placez votre main sous pyramide, vous pouvez fort bien ressentir des picotements dans la jambe, le coude, ou sur le visage. De manière générale, une personne qui pratique régulièrement la pyramide souffrira beaucoup moins de maladies infectieuses et captera moins les virus. C'est un fait indéniable, appuyé par de multiples observations.

La pyramide est également extrêmement efficace pour tout ce qui concerne les rhumes, angines et piqûres de moustiques. Les enflures disparaissent après plusieurs expositions allant de 15 mn à une demi-heure par jour (quelquefois davantage, là encore tout dépend de la personne concernée, de la manière dont elle "supporte" l'énergie des pyramides et du degré auquel ces inconvénients se manifestent). En favorisant l'équilibre émotionnel, la pyramide agit sur toutes les fonctions du corps. Pourtant, les résultats les plus "miraculeux" ne se font pas à notre sens, par exposition directe, mais par le biais d'une utilisation radionique de la pyramide. Lors du chapitre "changez votre destin", nous avons largement évoqué ce qu'on pourrait nommer des "pyramides à souhaits". La couleur bleue est attribuée au domaine de la guérison. Vous pouvez l'utiliser de la même manière. Cependant, il est probable, principalement si la guérison concerne une tierce personne qui n'est pas au courant de vos manoeuvres, que cette technique s'avère insuffisante. Nous vous conseillons plutôt la méthode suivante, préconisée par les plus grands spécialistes de la radionique : nous avons souvent insisté sur l'orientation de la pyramide. Or, dans cette expérience, ce sont les arêtes (et non les faces) qui devront être orientées en nord-sud est-ouest. Au sommet de votre pyramide, mais cette fois-ci à l'extérieur, placez deux languettes de carton, écriture pointée vers le haut. L'une de ces languettes portera la mention FORCE-GUERISON, l'autre la mention FORCE-VIE. Placez alors à l'intérieur, un témoin, par exemple : une photo de la personne sur laquelle vous désirez agir. Repensez le plus souvent possible à ce que vous avez écrit et à l'endroit où vous avez disposé votre pyramide car, là encore, votre action devra être renforcée par la pensée. Lorsque la guérison sera effective, brûlez votre papier. Chacun de nous possède des dons de magnétisme, à un degré plus ou moins prononcé. il ne tient qu'à lui de les développer. Un don "moyen" travaillé chaque jour finira par posséder plus d'efficacité réelle qu'un don exceptionnel mais laissé en jachère. Si vous vous en sentez le désir, vous pouvez compléter votre action par le magnétisme. Il ne s'agit plus ici seulement de se concentrer sur la pyramide, il s'agit de cadrer sa pensée pour qu'elle parvienne à un effet organique.

Utilisez le pendule égyptien pour déterminer la nature du mal...

Après avoir placé la photo du malade sous une pyramide orientée cette fois-ci de manière à ce qu'une des faces coïncide avec le Nord magnétique, déterminez la partie malade chez la personne dont vous souhaitez accélérer la guérison. Pour cela, ayez recours à une planche anatomique. Tenez votre pendule égyptien entre le pouce et l'index et faites le balancer légèrement d'avant en arrière, afin de lui donner l'impulsion première. Lorsque vous posséderez une certaine expérience en matière de radiesthésie, ce mouvement de départ ne sera plus nécessaire. Concentrez-vous sur votre ami. Puis passez votre pendule au-dessus de la planche, en vous arrêtant à chaque organe. Au-dessus des organes en "bon état de fonctionnement", le pendule demeurera statique. Par contre, sur les organes en "excellente santé", il tournera de gauche à droite, dans le sens des aiguilles d'une montre.

En présence d'organes malades ou déficients, votre pendule tournera résolument vers la gauche, c'est-à-dire dans le sens inverse des aiguilles d'une montre. Lorsque vous aurez ainsi répertorié les parties en mauvaise santé, utilisez des mots-témoins, c'est-à-dire des morceaux de papier sur lesquels vous aurez indiqué les organes malades.

Vous pouvez remplacer les papiers par des témoins plus parlants, en utilisant par exemple l'Anatomie 2000 de votre fils. Vous aurez ainsi une représentation "directe" de l'organe sur lequel vous devrez envoyer votre énergie. Pensez à ces organes, si possible visualisez-les en passant vos mains au-dessus de la photo au travers de la pyramide.

Vous devriez normalement, au moment où votre magnétisme entre en jeu, ressentir une chaleur. Lorsque, au bout des doigts vous ressentirez de la fraîcheur, cela signifiera que votre action a porté ses fruits et que la santé de cette personne s'améliore. Une telle opération, nous le rappelons, ne peut et ne doit pas se faire au détriment d'une prescription médicale, mais en complément de celle-ci.

Ceci nous amène à une question d'importance : le malade doit-il être au courant de votre action ? Dans la majorité des cas, la réponse est non. Vous risqueriez de provoquer chez la personne en question une incrédulité telle qu'elle constituerait un obstacle à vos travaux. Ne mettez au courant la personne concernée que si vous la savez, avec certitude, ouverte aux disciplines parapsychologiques. Alors, elle pourra elle-même accélérer son processus de guérison en joignant sa force-pensée à la vôtre. En ce cas, agissez tous deux au même moment. Vos opérations en vue de dynamiser la santé d'une personne devront avoir lieu le soir, lorsque le malade dort, parce qu'il sera ainsi mieux à même de recevoir l'énergie que vous lui envoyez.

Transmettre l'énergie d'un médicament à distance

D'après le mal en cause, déterminez le médicament homéopathique le plus approprié, le plus efficace. Placez ensuite celui-ci à l'intérieur de votre pyramide, au-dessus de la photo-témoin. Passez votre pendule au-dessus de la pyramide. Il se mettra à tourner sur lui-même. Lorsqu'il aura cessé de girer, soyez certain que le fluide du médicament sera passé dans le corps du malade. Attention : il s'agit d'un travail sur l'énergie des médicaments, non sur le médicament lui-même. Cette distinction revêtira tout son sens si vous travaillez sur vous-mêmes. Il est hors de question d'absorber le médicament ainsi dynamisé. Ce ne serait peut-être pas du goût de votre organisme.

Nous savons maintenant que la quasi-majorité des maladies qui nous affectent sont d'origine psychosomatique. Elles finissent bien entendu par engendrer des troubles physiques importants et devenir ainsi des maladies "réelles".

Méditer sur la maladie, ce qu'elle cache, ce qu'elle apporte...

C'est pourquoi il est important de conjuguer un traitement médical, qui s'attaquera aux symptômes, et un assainissement du mental qui s'attaquera à la cause. Pour cela nous vous engageons à une méditation sous pyramide, lorsque vous ressentez les premiers symptômes de la maladie, parallèlement à un traitement homéopathique ou allopathique. Le thème de cette méditation sera : la maladie. Que vous apporte-t-elle ? Que vous permet-elle d'exprimer ? Que vous permet-elle de faire que vous ne pourriez faire autrement ?

Quelle attitude vous permet-elle d'avoir que vous n'oseriez pas avoir ? Que vous empêche-t-elle de faire et qu'il vous ennuierait de faire ? Ce que vous exprimez à travers la maladie, vous serait-il impossible de le résoudre, de le dire autrement ?

La bonne santé est une attitude adulte, responsable, qui nous permet de vivre et de vibrer en harmonie avec l'univers. Mais ce n'est pas pour autant une attitude de tout repos. Si vous êtes prêt à assumer ce que masque votre maladie, à en déceler les raisons psychologiques profondes et à effectuer les choix difficiles qui en résultent, vous pourrez effectuer divers exercices de pensée positive avec votre pyramide.

Par exemple "Je n'ai plus besoin de la maladie car je parviens à m'exprimer dans ma vie" "Je deviens responsable de ma santé" "Je n'ai plus besoin de me cacher à travers ma maladie" "Plus mon esprit s'assainit et plus mon corps devient sain".

Glissez une pensée de ce type au niveau de la chambre du roi, sur une petite feuille de papier (si vous avez l'habitude de faire fonctionner votre "pyramide à souhaits", vous pourrez écrire votre texte en abrégé). Il vous est même possible, par l'intermédiaire de votre pendule égyptien de dynamiser votre processus de santé. Mais si dans votre cas, ce procédé peut se révéler extrêmement révélateur et par conséquent d'une grande efficacité, il serait très hasardeux de tenter l'expérience sur une autre personne que vous, du moins sans son consentement. Ce serait là une sorte de "viol psychique" et vous n'avez pas le droit d'empiéter de cette manière sur le psychisme d'autrui. Si votre maladie dépend d'un état de bouleversement mental, placez sous votre pyramide le mot-témoin "paix" ou "apaisement", afin de calmer tout votre organisme.

Ecarter les maladies liées aux ondes nocives

Votre santé peut également être affectée par des émissions d'ondes nocives, d'origine humaine ou tellurique. Les ondes nocives d'origine humaine ne résultent pas nécessairement d'un envoûtement. Il suffit que vous soyez dans une période de faiblesse ou de stress pour capter les ondes qui vous sont hostiles. Nos pensées sont des forces actives, même lorsqu'elles ne sont pas consciemment projetées dans un but précis. Lorsqu'il s'agit de pensées non maîtrisées et de faible puissance volitive, il est rare qu'elles atteignent leur but. Mais la fatigue vous rend très réceptif à ce type d'ondes. Il se peut que votre habitat soit situé sur d'anciens marais, au-dessus d'un ancien cours d'eau ou à proximité d'une ligne à haute tension. En ce cas, il risque d'être soumis à un véritable bombardement d'ondes nocives. Il en résulte souvent des troubles de santé mais aussi des troubles du sommeil. L'un des premiers gestes d'urgence est précisément de changer votre lit de place, afin de pouvoir dormir. Dans tous les cas cependant, la pyramide constitue un véritable bouclier anti-ondes nocives. Elle vous permettra de vous régénérer et si vous placez une pyramide suspendue à la tête de votre lit, vous parviendrez à trouver un sommeil de qualité. Si vous pensez que les ondes nocives proviennent d'une personne déterminée qui projette, volontairement ou non, ses ondes mentales, dirigez votre force-pensée dans ce sens "Que toutes les ondes nocives qui me sont envoyées retournent à celui ou à celle qui les a envoyées". Normalement, vous ne devriez pas tarder à avoir des nouvelles et si votre intuition était juste, vous serez débarrassé de vos maux. Nous conseillons, dans ces deux cas, l'encens de Jérusalem et l'encens d'iris qui, après une nuit sous pyramide, gagneront en efficacité. Pour ces travaux, vous userez d'un cristal de quartz transparent, du moins si vous souhaitez ajouter à la magie des ondes de forme les bénéfices de la cristallothérapie. En revanche, en ce qui concerne les projections de force-pensée en vue d'une guérison, vous utiliserez un cristal bleu. Si vous pratiquez à l'intérieur d'une pyramide structure, élevez votre cristal au niveau du plexus. Là se situe la chambre du roi, dont le rayonnement est également bleu. Attention : certaines zones sont plus sensibles que d'autres. Si vous sentez qu'une action directe sur la zone déficiente de votre organisme provoque une réaction trop forte, n'insistez pas. Peut-être l'exposition est-elle trop puissante ou votre organe trop irritable pour la supporter ? En ce cas, utilisez un témoin.

Une approche spirituelle de la maladie

Si vous possédez une approche plus spirituelle de la maladie et estimez qu'elle est avant tout un message du corps ou de l'âme, destiné à vous faire effectuer une prise de conscience, vous pourrez axer vos méditations sur des thèmes tels que "A présent, je m'ouvre à la maladie et j'écoute ce qu'elle a à me dire". On sait qu'une acceptation de la maladie la rend moins pénible à vivre, car elle occasionne ainsi moins de souffrances que lorsque nous nous bloquons. A cet usage, vous pouvez utiliser comme témoin l'As de Coupe du Tarot de Marseille, que vous placerez au niveau de la chambre du roi, après avoir correctement orienté votre pyramide. Vous pouvez aussi pratiquer à l'intérieur de la pyramide, en tenant votre lame dans la main gauche. Ne soyez jamais tenté de dynamiser des huiles essentielles, des onguents ou des produits pharmaceutiques. Vous vous rendriez réellement malade.

Déterminez, grâce au tarot et à votre pyramide la cause réelle de votre maladie, ancrée dans votre inconscient

Si vous souhaitez déterminer la cause réelle de votre maladie, installez-vous sous votre pyramide et prenez les 22 arcanes majeurs de votre Tarot. Coupez. Mélangez. Tirez une carte, au hasard, en vous concentrant sur votre maladie et son origine profonde.

Le Pendu : vous êtes malade par obligation, parce que les circonstances exigent que vous vous mettiez quelque temps en retrait, entre parenthèses, peut-être pour évacuer votre stress.

L'Ermite : vous souffrez de solitude. A moins que la maladie ne vous ménage une pause pour mieux réfléchir sur vous-mêmes, vos choix et vos désirs. Quoiqu'il en soit, la maladie correspond pour vous à une remise en question.

Le Chariot : vous vous agitez trop et votre maladie résulte du surmenage. A moins que vous ne parveniez pas à concilier action et réflexion. Ou que vous manquiez d'activité physique. Le Diable vous indique que votre affection résulte d'excès en tous genres. Vous avez trop tiré sur la corde et surestimé les capacités de votre corps à gérer les produits toxiques ou à mener tout de front.

La Maison Dieu : la maladie est pour vous un refuge contre une situation difficile. A moins que ce ne soit un moyen de mieux faire connaissance avec votre corps, que vous négligez trop.

La Lune : votre inconscient fait des siennes. Ce que vous avez refoulé, que vous avez refusé de prendre en compte se manifeste. Vos pensées tourmentées s'expriment physiquement. C'est un compte à régler avec vous- mêmes.

Le Monde : vos difficultés résultent de votre inaptitude à communiquer. L'affection dont vous souffrez risque de devenir cyclique si vous n'allez pas davantage vers les autres pour essayer d'établir un dialogue. En ce qui concerne cette dernière carte, il est possible de la dynamiser sous pyramide et d'en projeter l'énergie vers le monde extérieur, soit en étant vous-mêmes sous pyramide, soit en magnétisant votre carte avec vos mains ou à l'aide de votre pendule égyptien.

Le Mat : vous signale un trop grand désordre dans votre vie : vos actions ne suivent aucune ligne directrice et vous éparpillez votre énergie, d'où essoufflement et nécessité de retrouver un second élan. L'Empereur ou l'Impératrice ne prendront tout leur sens qu'en compagnie d'une autre carte. Ils indiquent que la maladie est liée à l'expression de votre virilité ou de votre féminité, ou comme dirait Jung de votre Animus et de votre

Anima, votre aspect actif et votre aspect passif. Le Bateleur indique que vous avez la possibilité de mettre fin à la maladie par une prise de conscience. Cette carte vous invite à une réflexion sur vos potentialités et la manière de les utiliser.

Cette réflexion sera favorisée par un usage régulier de la pyramide. Si vous vous trouvez en présence du Pape ou de la Papesse, il s'agit sans doute de prendre vos décisions par rapport à une personne qui vous impressionne beaucoup. Dans le cas de la Papesse, il peut également s'agir d'une incitation à vivre davantage dans votre corps.

La Roue de Fortune : votre maladie appartient à un processus naturel d'élimination du corps. Elle joue, comme le rêve, le rôle de régulateur des énergies, de gestion des tensions.

Le Soleil : vous vous aveuglez en songeant que la tâche qui vous a été confiée est au-dessus de vos forces. Travaillez sur la carte de la Force. Si c'est elle que vous tirez, il s'agit d'un processus d'assainissement du corps dont vous sortirez fortifié et plus que jamais prêt à affronter et à résoudre les problèmes qui se posent à vous. La lame 13, ou arcane sans nom, ne signifie pas une fin tragique mais, la plupart du temps, un nettoyage à fonds de votre corps et de votre mental qui va vous amener à prendre des décisions importantes.

Elle signale souvent un ras-le-bol général qui ne tardera pas à s'exprimer en actes. Si vous avez tendance aux interprétations hâtives et que cette carte vous fait tout voir en noir, mieux vaut l'enlever du jeu avant de tirer votre carte. Confirmez votre "diagnostic" par l'usage des arcanes mineurs, plus spécifiquement des quatre as, que vous mélangerez. Si vous tirez l'As de Denier : votre maladie est liée à un surmenage intellectuel ou à un problème d'évolution spirituelle. Si vous tirez l'As de Bâton : votre problème est lié aux abus, sexuels ou alimentaires, ou à l'incapacité de vivre vos désirs physiques. L'As de Coupe est lié au manque d'amour et de communication. Vous aurez tout intérêt d'ailleurs, quelle que soit la cause originelle de votre maladie, à travailler cette carte. L'As d'Epée enfin signifiera un besoin d'action réfréné ou au contraire un surmenage physique, nécessitant un repos de tout votre organisme. Vous ne devez jamais perdre de vue que la maladie n'est pas nécessairement votre ennemie, mais qu'elle procède à un nettoyage en profondeur de votre "tuyauterie" et parfois de votre mental. Dormir sous pyramide favorisera généralement votre convalescence et votre récupération.

Certaines maladies "cycliques" ont peut être une origine karmique

Si vous pensez que votre maladie peut avoir une origine karmique et que vous désirez en connaître la cause, plusieurs solutions s'offrent à vous. Confortablement installé sous une pyramide suspendue ou à l'intérieur d'une pyramide structure, interrogez votre pendule égyptien "Cette maladie a-t-elle une origine karmique ?". Si la réponse est oui, écrivez sur de petits morceaux de papier les chiffres 15,16,17,18,19, 20. Étalez vos papiers, face contre la table et concentrez-vous sur l'époque, l'incarnation d'où vous avez hérité votre affection. Puis passez votre pendule au-dessus de chacun d'eux. Vous pourrez remarquer qu'aux approches de l'un d'entre eux, votre pendule entame une danse giratoire de gauche à droite, dans le sens des aiguilles d'une montre. Si le mouvement giratoire vous semble de trop faible intensité pour être significatif, retournez le papier et demandez confirmation. Le chiffre désigné par le pendule vous indiquera le siècle auquel vivait celui dont vous portez la dette karmique. Par questions successives, vous parviendrez à définir plus précisément l'époque.

Quand vous serez en possession de ces éléments, interrogez de nouveau votre pendule égyptien "L'incarnation dont j'ai hérité la dette karmique vivait-elle en France ?". Si ce n'est pas le cas, vous pouvez passer votre pendule au-dessus du globe terrestre, en faisant tourner celui-ci. Maintenant que vous détenez l'époque et le lieu de naissance de votre précédente incarnation, allongez-vous sous votre pyramide suspendue ou sous une pyramide structure. Vous vous servirez, de manière à intensifier la réception et à percevoir plus clairement les informations qui vous seront transmises, d'un cristal non programmé que vous tiendrez dans la paume de votre main gauche. Relaxez-vous profondément. A présent, concentrez-vous sur votre existence antérieure, partez à sa rencontre grâce aux éléments qui sont en votre possession.

Quels événements ont favorisé l'éclosion de votre maladie ? Quel est le pourquoi des choses ? Vous allez peut-être vivre (revivre ?) des événements douloureux, mais le fait de les ressentir de nouveau va vous permettre de vous en dégager. En sortant de votre pyramide, n'oubliez pas de prononcer à haute voix la phrase suivante (ou de la penser fortement) : "A présent, je suis libéré de ma dette car c'est par mes actes que je vais me racheter"... Ce "voyage" à travers vos vies antérieures vous aura permis de comprendre et de réaliser certains aspects de votre vie que vous négligez. Il sera donc extrêmement utile à votre évolution. Ne vous désespérez pas si vous ne percevez rien au cours des trois premières séances. Patientez... votre ténacité finira par être couronnée de succès. Il va de soi que toutes les maladies ne sont pas d'origine karmique. Pour qu'une maladie puisse éventuellement être identifiée comme "karmique", elle devra nécessairement être chronique ou cyclique. C'est le cas des angines à répétition, des asthmes, des douleurs ne résultant pas d'une maladie, de certains cas d'impuissance chronique ne relevant pas de problèmes médicaux, etc, etc...

Ne jouez pas les apprentis sorciers en soumettant votre entourage à ces méthodes peu"orthodoxes"

Certaines personnes connaissent des maladies qui ressurgissent depuis leur plus tendre enfance à des fréquences irrégulières ou des douleurs inexpliquées... en ce cas, la régression dans leur existence antérieure peut les aider à mieux vivre leur présent. En cas de maladie, et nous insistons là-dessus, la première de vos réactions doit être de consulter un médecin. Les méthodes que nous indiquons n'agissent qu'en complément d'un traitement allopathique ou homéopathique. Ne jouez pas les apprentis sorciers en soumettant des personnes de votre entourage à de tels traitements, surtout si elles ne sont pas prévenues de ce que vous comptez faire. Ils risquent d'avoir sur eux des répercussions psychologiques trop profondes. Dans un traitement d'auto-guérison, vous êtes responsable de vos choix, mais vous ne pouvez engager une autre personne sans son consentement dans un tel processus de guérison. Il est conseillé cependant de pratiquer votre régression en compagnie d'une personne au courant de ce type de phénomènes et qui pourra si besoin est, faire cesser la séance. Nous ne prétendons pas que pyramide et cristaux constituent des remèdes miracles mais, dans bien des cas, ils peuvent apporter une nette amélioration. Les vertus curatives de la pyramide dépendent également de vous, de votre réelle volonté de guérir, de comprendre votre maladie. Si vous posez trop d'obstacles ou de réticences entre son énergie et vous, la pyramide risque d'amplifier cet état de refus.

Un tremplin très appréciable pour pratiquer l'auto-hypnose

La pyramide permettant de développer les états qu'on pourrait qualifier de transe, il était normal qu'elle dynamisât les processus d'auto-hypnose. C'est effectivement le cas. On le sait, l'hypnose est particulièrement efficace dans les cas d'affections d'origine psychosomatique, ainsi que pour de nombreux cas d'impuissance et de frigidité.

Vous pourrez avoir recours à des cassettes déjà existantes ou enregistrer votre propre texte, allant dans le sens d'une responsabilisation par rapport à votre maladie, d'une prise de conscience du corps et d'une ouverture spirituelle. L'auto-hypnose permet d'obtenir des résultats étonnants pour le tabagisme et l'alcoolisme. Mais là encore, tout dépend de la volonté réelle de la personne qui opère.

Vous devez éprouver le désir réel de changer de vie, avec toutes les implications que cela peut supposer. Alors, la pyramide jouera le rôle d'amplificateur de votre force de volition. Nous seuls possédons la vraie clé de ce précieux trésor : la santé.

CHAPITRE V

QUELQUES EFFETS PHYSIQUES DES PYRAMIDES

Une nuit sous pyramide suffit pour affûter vos lames de rasoir

Les multiples possibilités spirituelles engendrées par la pyramide et leur expérimentation n'ont été rendu possibles que par la mise en évidence de ses propriétés physiques. C'est en effet grâce à elles que des chercheurs de haut niveau ont pu approfondir leurs recherches sur les pyramides. Parmi ces pionniers, le tchèque Drbal, qui découvrit qu'une lame de rasoir usée, placée sous une pyramide, retrouvait tout son tranchant.

C'est une expérience si aisément reproductible que des milliers d'américains ont pu, en vérifiant le bien fondé de cette assertion, s'ouvrir à l'univers des pyramides. Les chercheurs disposant jusqu'alors de capitaux peu élevés, et l'étude du pouvoir énergétique des pyramides étant relativement récent, de nombreuses recherches n'ont pu être accomplies. Ce sont généralement les découvertes de chercheurs isolés, et, pour ainsi dire "pirates" qui ont pu faire progresser notre connaissance des multiples effets de cette énergie-là.

Pour réaliser l'expérience de Drbal, après chaque rasage, placez votre lame de rasoir (une lame tout à fait ordinaire), que vous placerez au niveau de la chambre du roi. Vous orienterez l'axe long de votre lame de la même manière que votre pyramide, c'est-à-dire face au pôle magnétique.

Attention : une mauvaise orientation affaiblirait considérablement les effets de l'énergie pyramidale. Laissez reposer votre lame vingt-quatre heures sous la pyramide. Elle en sortira aiguisée, avec un tranchant comme neuf. En fait, la pyramide ne fait encore (et c'est déjà beaucoup !) qu'accélérer considérablement un processus naturel. Si, après vous en êtes servi, vous laissez reposer votre lame de rasoir un mois durant, elle retrouvera son tranchant d'origine. Avec votre pyramide, vous obtiendrez un résultat similaire en près de trente fois moins de temps !

C'est dire la fabuleuse énergie qui réside dans (ou que capte) cette forme géométrique unique. Il est curieux de constater que, pour cette expérience-ci, la taille de la pyramide n'influe pas sur la qualité des résultats obtenus. Ainsi, une pyramide structure d'une hauteur de 1,22m ne parviendra pas à affûter votre lame davantage qu'une petite pyramide en carton, en grès ou en verre de 15 cm de haut.

Certains scientifiques ouverts, et Drbal le premier, se sont demandés comment une telle opération était rendue possible. La conclusion la plus généralement admise est que la pyramide agit sur les molécules de l'eau, lesquelles, comme l'a démontré le suédois Carl Benedicks, occasionnent une perte de rigidité de vos lames de l'ordre de 22 %.

Un nombre de rasages multiplié par cinquante !

Une question d'importance s'est également posée aux chercheurs : est-il possible d'affûter indéfiniment votre lame sous pyramide ? Ou en d'autres termes, combien de rasages efficaces peut-on pratiquer avec une lame "aiguisée" par la pyramide ? Il est difficile de répondre précisément à cette question, car cette expérience comporte un grand nombre de variables : la taille de votre lame, sa qualité, la manière dont vous vous rasez, la texture de votre peau, la température de la pièce dans laquelle vous vous rasez, le moment où vous vous rasez sont autant d'éléments qui peuvent jouer une influence non négligeable sur la durée de vie de votre lame. Les chercheurs ont établi une moyenne "raisonnable" : une lame traitée sous pyramide peut raser cinquante fois plus qu'une lame de rasoir ordinaire.

Ces chiffres ont de quoi étonner, mais ils sont le fruit d'expériences menées de manière scientifique et reproductibles ad libitum... Il ne tient qu'à vous d'essayer. A condition toutefois de respecter l'alignement et que la taille de votre pyramide le permette, vous pouvez laisser la lame sur votre rasoir. Votre manche devra être orienté vers l'est.

Si vous désirez obtenir une lame qui bénéficie au mieux de l'énergie pyramidale, laissez-la reposer dix jours au niveau de la chambre du roi. Vous la replacerez sous pyramide après chaque rasage. Il est à noter cependant que la qualité du rasage n'est pas toujours constante. Il peut arriver qu'au bout du vingtième ou du trentième rasage, votre lame présente des signes de faiblesse et ne donne pas de rasage efficace. Laissez-la reposer. Elle reprendra ensuite son tranchant habituel. Une lame traitée sous pyramide peut donner entre cinquante et cent rasages de qualité, là où une lame ordinaire n'en donnerait que cinq ou six. Certains avancent les chiffres de 250. Nous ne mettons pas en doute leur sincérité, mais une bonne moyenne se situerait plutôt autour des cent rasages, ce qui suffirait déjà à provoquer notre admiration.

Affûter couteaux et ciseaux

Si l'expérience de la lame de rasoir demeure la plus convaincante et (probablement pour cette raison) la plus classique des expériences sur les effets physiques des pyramides, votre modèle réduit de Khéops peut également affûter d'autres instruments, tels ciseaux, couteaux, etc.

Si votre pyramide n'est pas assez volumineuse pour contenir ces objets, vous avez la possibilité de la suspendre, le rayonnement pyramidal, ainsi que nous l'avons vu, se diffusant vers le bas. Cette particularité a d'ailleurs amené les spécialistes à conclure que, à l'inverse des menhirs de Stonehenge, qui semblent destinés à capter les énergies telluriques, le but des pyramides était de percevoir et d'amplifier les ondes cosmiques. Affûter les ciseaux est souvent une opération nécessaire, car il faut bien avouer que ceux vendus dans le commerce ont souvent une efficacité minimale. Vous sentirez nettement la différence.

Expériences de momification de la viande

Au commencement de cet ouvrage, nous avons évoqué la découverte déterminante d'André Bovis sur la momification des matières organiques. En découvrant dans une pièce de la pyramide de Khéops des cadavres d'animaux égarés non soumis au processus de la décomposition, Bovis eut un éclair de génie.

Il plaça une boulette de viande à l'intérieur d'une pyramide en carton, dont les proportions respectaient scrupuleusement, à l'échelle, celles de la Grande Pyramide. Les résultats obtenus ouvrirent une légère brèche dans le scepticisme scientifique, brèche qui, de nos jours, va en s'élargissant. Certaines personnes tentent en vain de momifier une côtelette sous une pyramide de quinze centimètres, voire moins, et s'étonnent du résultat... ou plutôt du non résultat !

A l'inverse de ce qui se passe pour les lames de rasoirs, la taille de la pyramide influe ici directement sur l'efficacité et la qualité de la momification. La momification des viandes ne nous paraît cependant intéressante qu'en temps que passeport pour l'univers des pyramides, une expérience destinée à convaincre les plus sceptiques, même si elle a ouvert le champ à des expériences plus audacieuses.

Pour la réaliser, vous prendrez, du moins si vous utilisez une pyramide de 15 cm de haut, une petite boulette de 15 à 20g que vous placerez soit en bas de la pyramide, soit au niveau de la chambre du roi.

Au bout d'une semaine, vous pourrez constater que non seulement la viande n'a pas pourri mais que, de plus, elle s'est momifiée, c'est-à-dire déshydratée. La connaissance des pyramides a considérablement évolué depuis les spéculations des radiesthésistes Servranx dans les années 50.

Contrairement à ce que pensaient ces éminents spécialistes des ondes de forme, la viande ainsi traitée demeure parfaitement consommable. Mieux : son goût semble concentré et certains utilisateurs de pyramides affirment qu'ils ne consomment plus le sauté de boeuf que préparé de cette manière. Pour une plus grande quantité de viande, vous aurez recours à des pyramides de taille supérieure.

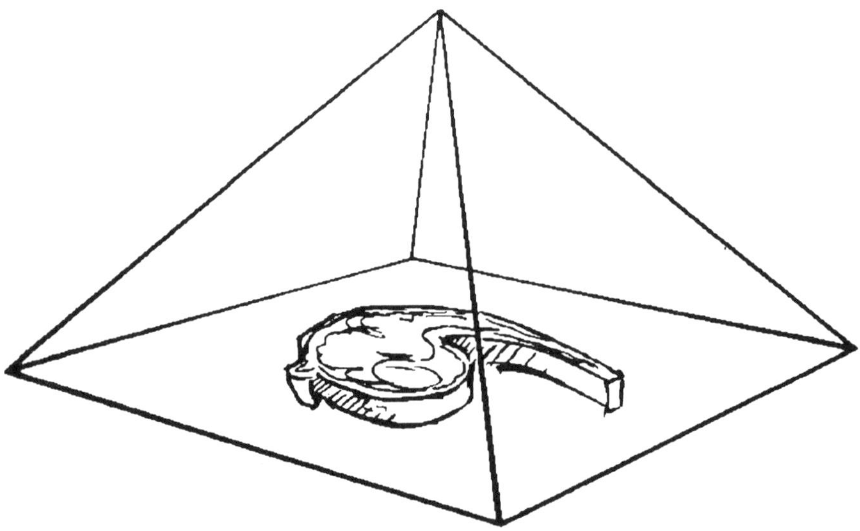

Des effets différents selon la nature de la viande utilisée...

Une constatation s'impose, qui pourrait mettre un bémol à l'enthousiasme des carnivores : la plupart des expériences tentées en ce domaine ont porté le plus généralement sur le boeuf (le fameux hamburger américain entre autres). Il nous a semblé utile de tester les effets de la pyramide sur d'autres types de viandes et, à notre grande surprise, nous avons pu noter des résultats très divers, méritant d'être signalés. Le veau et le porc, par exemple, sont le plus souvent affadis, à l'exception de certains morceaux comme le foie de veau et les pieds de porc. La saveur du mouton est, au contraire rehaussée, tout en perdant cette légère tendance à l'âpre qui lui est naturelle. On peut, sans aller jusqu'à la momification, laisser une demi-heure avant consommation n'importe quelle viande. Elle n'en aura que bien meilleure saveur. Mais... tout dépend des goûts !

Peut-on "momifier" les poissons ?

Une question et une expérience en engendrant, en ce domaine, nécessairement une autre, nous sommes en droit de nous interroger : est-il possible de momifier des poissons sous pyramide ? La réponse est oui et, curieusement, même si on ne les a pas vidés auparavant. Mais attention ! Si, dans le cas de certains fruits, le champ d'action de la pyramide est susceptible de s'étendre, ce n'est pas le cas en ce qui concerne les viandes et les poissons. Une tranche de foie de veau qui dépasse de la pyramide, même si celle-ci est suspendue, sera momifiée dans la partie recouverte par la pyramide et suivra les effets ordinaires du pourrissement dans la partie qui dépasse. Aussi ne vous exposez pas à de désagréables surprises. Vous voilà prévenu ! La pyramide fait ressortir la saveur des poissons, d'autant plus fortement que ceux-ci sont puissamment iodés. Si vous êtes un habitué du poisson surgelé, ne vous risquez pas à une telle expérience qui risquerait fort de choquer votre palais. Il est à noter que la pyramide réussit mieux, de l'avis d'un grand nombre de ses usagers, sur les poissons d'eau salée. Elle affine leur goût de manière extraordinaire, sans nuire pour autant aux papilles trop sensibles. Les qualités conservatrices des pyramides sont telles qu'on rapporte que plusieurs familles américaines ont pu remplacer, pendant des mois, leur réfrigérateur par une pyramide structure. S'il convient de mettre une telle information sous toutes réserves, il est en revanche authentique que la durée de vie des aliments est considérablement augmentée lorsqu'on les entrepose sous une pyramide. Lait et oeufs conservent leur fraîcheur pendant deux, voire trois semaines. Les insectes semblent éviter, en règle générale, la pyramide. Au bout de quatre ou cinq semaines, le lait formera une croûte, sous laquelle il se sera transformé en fromage.

Comment la pyramide agit sur les liquides

L'expérience des boulettes de viande a naturellement amené les chercheurs à réaliser d'autres expériences sur la nourriture, aliments solides et liquides. Nous avons déjà évoqué, dans le chapitre consacré au magnétisme, l'action sur l'eau du robinet, qui gagnait en qualité et acquérait, au même titre que l'eau de source, des vertus régénératrices. C'est une eau très diurétique. Il serait plus prudent, en revanche, et cette recommandation vaut pour la plupart des expérimentations sous pyramide ou des produits traités sous pyramide, de la déconseiller aux personnes souffrant de troubles cardio-vasculaires.

Les actions sur les liquides sont très diverses. Ainsi, la pyramide ôte l'aigreur du cidre et dégazéifie les boissons gazeuses, ce qui n'est pas du goût de tout le monde. En revanche, on a pu constater qu'elle bonifiait les vins. Des oenologues confrontés aux expériences pyramidales ont pu avancer sans peine qu'elle les vieillissait de plusieurs années.

Certes, elle ne fera pas d'une piquette un Château-Margaux, mais vous en ferez néanmoins un vin acceptable, le goût s'en trouvant adouci, affiné. Il suffit pour cela de laisser une nuit durant, généralement en lune montante, un verre de vin sous pyramide. Pour tout ce qui touche à l'alimentaire, les goûts de chacun étant une question très personnelle, vous pourrez utiliser une pyramide test, en grès ou en verre, puis envisager vos expériences en plus grand, avec une pyramide de dimensions supérieures. Dans le test de l'eau par exemple, certains trouvent l'eau, ainsi traitée, affadie et lui préfèrent l'eau non traitée. Mais quoiqu'il en soit, rassurez-vous : en aucun cas, les aliments ou boissons ainsi traités ne sont nocifs pour l'organisme, bien au contraire ! Aussi ne risquez-vous strictement rien, à faire ce test. Dans le cas du vin, vous pourrez de cette façon en venir à utiliser une bouteille que vous replacerez sous pyramide... sans en abuser toutefois ! N'introduisez chaque fois qu'une quantité d'aliments ou de liquides proportionnelle à la taille de votre pyramide.

Poursuivons avec les liquides. L'action de la pyramide, nous l'avons dit, est généralement adoucissante au niveau des saveurs. Il est fréquent que les citrons pressés présentent une acidité trop importante. Une demi-heure sous pyramide suffira à gommer cette acidité. La boisson ainsi obtenue aura toujours ce goût acidulé, propre au citron, mais elle ne possédera plus cette amertume légèrement désagréable qui fait crisser des dents. Elle fera par contre ressortir le goût d'un jus d'orange. Pour obtenir un résultat plus probant, il sera bon de prolonger ce temps d'exposition jusqu'à deux heures.

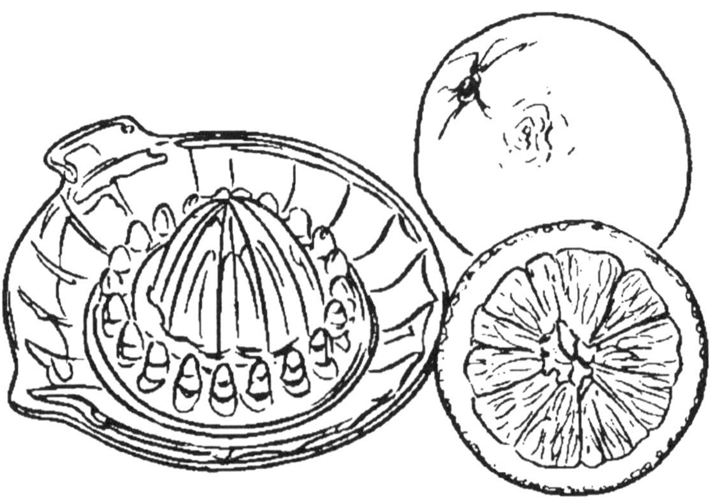

Pour obtenir un café moins amer

L'une des expériences les plus significatives en ce qui concerne le goût demeure le test du café. Préparez vous un café. Goûtez-le puis placez votre tasse sous pyramide pendant une dizaine de minutes. Vous pourrez constater un indubitable changement de saveur. Sur la nature de cette saveur, les avis sont partagés. Là encore, certains jugent le café traité affadi. Mais ce que ne signalent guère les expérimentateurs c'est que votre café est... froid ! et donc pas nécessairement agréable à consommer. Cependant, si l'on met à part ce défaut, le test du café constitue un test imparable quant aux vertus de la pyramide ; le changement de goût relève ici de l'évidence. Il se produit le même phénomène avec le thé, qui devient ainsi moins amer. Mais l'expérience ne nous semble valable qu'en présence d'un café médiocre, dont la pyramide gommera l'amertume. Nous ne voyons franchement pas l'intérêt, si ce n'est à titre expérimental, d'affadir la saveur d'un bon café ! Cependant, cette expérience prend tout son sens lorsqu'il s'agit de thé ou de café en poudre, sur lesquels la pyramide agira avec la même efficacité que sur une tasse de café, sans présenter le désavantage de boire froid... La quantité de café susceptible d'être mise sous pyramide dépendra avant toute chose de la qualité du café et de son degré d'amertume. Vous pouvez commencer avec 50 g puis augmenter la dose au fur et à mesure. Vous noterez alors le seuil au-delà duquel votre "traitement" perd de son efficacité. Certaines personnes utilisent du café lyophilisé, parce que de coût de revient inférieur et plus facile à préparer que du café "normal". Mais ce café est souvent très amer. Dans ce cas, la pyramide jouera pleinement son rôle.

Une heure sous pyramide transforme un avocat vert en avocat mûr...

L'action la plus spectaculaire exercée par la pyramide dans le domaine des aliments demeure sans conteste celle qu'elle exerce sur les fruits. Et notamment les avocats.

Pour réaliser l'expérience qui va suivre, prenez un avocat et coupez-le en deux par le milieu. Choisissez-en de préférence un qui ne soit pas tout à fait mûr. Placez l'une de ces moitiés sous la pyramide, à la base ou à la hauteur de la chambre du roi, c'est-à-dire, nous le rappelons, à un tiers de la hauteur. Au bout de dix à trente minutes, votre moitié d'avocat exposée sous pyramide n'aura pas changé d'apparence mais, en la goûtant, vous pourrez constater qu'il a mûri et que sa saveur est beaucoup plus prononcée que celle de l'autre moitié restée à l'air libre. En un mot comme en cent, il a plus le goût d'avocat !

La pyramide agit ainsi de la même manière - à condition de bien tenir compte de ses proportions par rapport à la taille du fruit - sur la plupart des fruits. Vous pouvez répéter la même expérience sur des bananes, des pêches, des oranges encore trop "vertes", demandant à mûrir. Les résultats sont similaires. Ils seront bien sûr nettement plus accentués si vous laissez séjourner vos fruits toute une nuit sous la pyramide.

Quand les fruits sont vraiment très durs, il peut devenir nécessaire de les laisser séjourner plus longtemps pour obtenir un résultat efficace. Il est évident que si vous désirez mener à bien cette expérience avec un melon ou une pastèque, il faudra user d'une pyramide de plus grande ou les réduire en petits morceaux.

L'unique limite au nombre des expériences possibles : votre imagination

On peut obtenir la même chose avec un grand nombre de légumes, pour un temps d'exposition identique. Il n'y a pas de limites aux expériences culinaires réalisables grâce à la pyramide. La différence de goût est flagrante et seule une personne de mauvaise foi pourrait la contester. D'ailleurs, il ne tient qu'à vous de réaliser ce qu'on appelle, dans les milieux scientifiques, un "test aveugle". Il s'agit de tenter l'expérience sur une personne totalement ignorante de la nature de l'expérience. Faites-lui goûter, par exemple, deux parties du même avocat, l'une ayant séjourné dix à vingt minutes sous la pyramide (la pyramide se trouvant, bien entendu, dans une pièce contiguë) et l'autre restée à l'air libre. Notez alors ses réflexions, ses réactions.

Vous constaterez que cette expérience n'est nullement subjective, du moins dans la mesure où une expérience peut ne pas l'être ! On peut pousser l'expérience plus loin en allant jusqu'à la "momification" ou plus exactement la déshydratation des fruits. Des expériences tentées sur des morceaux de pomme ont montré que les morceaux situés dans la chambre du roi étaient ceux qui, tout en conservant le mieux leur couleur, avaient le plus diminué de volume. Plus les fruits utilisés contiennent d'eau, plus l'expérience est concluante. Ainsi, une tranche de pastèque, placée plusieurs jours sous pyramide, est-elle réduite à la taille d'un abricot, sans rien perdre de sa saveur. Il semble même que la pyramide la rehausse. Pour que le processus de "momification" s'établisse, il faut compter environ une semaine. Là encore, si ce n'est au titre de pure recherche scientifique, ou d'établissements de faits concrets en vue de se familiariser avec les "pouvoirs" de la pyramide, l'intérêt de l'expérience nous échappe. Il nous paraît cependant nécessaire de la signaler dans le cadre de cet ouvrage, car elle a permis à bon nombre de sceptiques de se convertir à la pyramide et à ses multiples possibilités.

La pyramide peut-elle vraiment accélérer la croissance d'une plante ?

Moins futiles et plus susceptibles d'apporter un plus à notre environnement quotidien sont les expériences sur les plantes. Contrairement à celle qu'elle exerce sur la plupart des fruits, l'action de la pyramide sur les plantes n'est absolument pas systématique. Les réactions des plantes à l'influx des ondes pyramidales sont très diverses et nous ne pouvons étudier ici toutes les espèces de plantes, car il en existe de nombreuses. Mais nous allons néanmoins tenter une approche. Le premier point important, commun dans la plupart des cas, est que les insectes semblent éloignés par les pyramides, du moins certains d'entre eux parmi les plus courants comme les mouches, moustiques et cafards. On a pu constater, en coupant des raisins en deux parts dont l'une était placée sous pyramide, que la part sous pyramide n'était pas touchée par les insectes alors que l'autre était couverte de mouches.

Il en est de même pour les plantes d'appartement. Beaucoup de plantes ne supportent pas une dose d'énergie trop puissante et il ne faut pas plus de quinze minutes par jour d'exposition pour obtenir sur elles des effets positifs.

Au delà, vous pourriez les "brûler". Elles se faneraient, se racorniraient, perdraient leurs feuilles. Il en est d'autres qui, par contre, bénéficieront pleinement d'une exposition prolongée sans en souffrir. C'est le cas de celles qu'on peut mettre en serres pyramidales.. Pour exposer sous pyramide, on peut soit utiliser une pyramide dont la taille sera fonction de la taille de la plante, soit user d'une pyramide de petit modèle qu'on suspendra au-dessus en temps voulu. Vous ne devez pas suspendre trop haut votre pyramide, car son pouvoir magnétique risquerait de diminuer.

Dynamiser un groupe de plantes par l'action d'une seule pyramide

Il n'est pas important que votre plante déborde ou non de la pyramide. Le rayonnement pyramidal imprégnera les racines et toute la plante en bénéficiera. Il est même possible de dynamiser un groupe de plantes par l'action d'une seule pyramide suspendue, car son champ d'action extérieur est d'environ 20 cm autour de la pyramide. Ou, pour être plus clair, disons que le champ énergétique créé par la pyramide est ressenti par les plantes dans un périmètre de cet ordre.

Signalons qu'il existe également une autre méthode pour traiter vos plantes par l'intermédiaire de la pyramide : l'eau magnétisée. Nous avons déjà étudié quelques-unes des propriétés d'une eau ordinaire exposée au rayonnement pyramidal. Si nous la nommons ici "eau magnétisée", c'est parce qu'elle possède les mêmes propriétés qu'une eau exposée aux mains d'un magnétiseur ou qu'une eau traitée avec des aimants. En utilisant cette eau pour vos plantes, vous aurez dans bien des cas le plaisir de les voir renaître, croître et s'épanouir. Il vous suffira pour cela d'exposer une heure durant un litre d'eau sous une pyramide suspendue ou sous une pyramide structure. Cet effet curatif ne s'atténue pas avec le temps. Il ne vous reste plus qu'à arroser vos plantes avec cette eau pour non seulement prolonger leur existence dans d'importantes proportions, mais aussi pour les faire pousser plus robustement.

Et ce à une vitesse accrue. Cette constatation est valable non seulement pour la plupart des plantes en pot, mais également pour les fleurs coupées. Si on place ces dernières sous une pyramide, elles se momifient et quoique se décolorant légèrement, demeurent en quelque sorte "éternelles".

Par contre, en exposant tout à la fois l'eau et les fleurs, la vie de celles-ci sera beaucoup plus longue que celle de plantes non exposées et dans de l'eau ordinaire. Pour mener à bien vos expériences d'horticulture pyramidale, nous vous recommandons l'usage d'une pyramide transparente, en verre ou en plastique, afin que la lumière puisse circuler de la même manière qu'avec des plantes non exposées.

Ce détail a son importance et, sans cela, votre expérience risquerait de ne pas être très concluante. On pourrait également, en principe, se servir d'une structure pyramidale. Mais la pyramide structure est le plus souvent constituée de métal et dégage une trop forte énergie. Serge King, dans son livre Manuel de l'énergie des pyramides, recommande de n'utiliser que des pyramides en matières organiques : bois, carton (la pyramide est alors suspendue), verre ou plastique.

Les radis poussent beaucoup plus vite sous une serre pyramidale... et surtout beaucoup plus gros !

Quelle est la taille idéale d'une pyramide "horticultrice" ? Cela dépend essentiellement de la taille des plantes et de leur nature. Il n'y a pas de règle générale ; c'est à vous d'en faire l'expérience en commettant quelquefois c'est inévitable ! - des erreurs. Vous réaliserez rapidement si votre pyramide fonctionne, "bafouille", ou produit un effet contraire à celui envisagé. Certaines graines et semences sont stimulées dans leur croissance par l'exposition sous pyramide ; d'autres, au contraire, sont "brûlées" (risque que nous avons déjà signalé) ou voient leur croissance freinée. Parmi les graines qui profitent "positivement" de cette irradiation, on peut citer les graines de radis. Dans deux pots identiques, placez des graines de radis. Disposez ensuite l'un des pots sous une pyramide de verre ou de plastique. Vous veillerez à ce que la luminosité soit semblable d'un côté comme de l'autre. L'arrosage devra être strictement identique. Vous cesserez l'expérience lorsque vos deux plantations seront arrivées à maturation. Vous remarquerez sans peine que les radis de la plantation exposée sous pyramide sont non seulement plus gros, qu'ils ont poussé sensiblement plus vite, mais encore que leur goût est beaucoup plus fort, plus piquant, un peu à la manière du raifort ou du radis noir. Naturellement, si vous n'aimez pas les radis forts, cette expérience ne peut vous servir qu'à démontrer par A + B l'efficacité des pyramides, ce qui, dans certains cas, n'est déjà pas si mal. Les radis possèdent de plus l'avantage de pousser vite, ce qui permet de constater les résultats assez rapidement. Une des expériences sur lesquelles l'énergie des pyramides est le plus souvent testée est celle des avocats. En plaçant un noyau d'avocat quinze jours sous pyramide, celui-ci commence à se libérer d'une jeune pousse. Attention : la croissance continue ensuite, même s'il n'est plus exposé... et les feuilles sont de deux mètres ! Les résultats obtenus ne sont néanmoins pas systématiques. Il semble qu'ils soient dépendants de la qualité tout autant que du pays d'origine des avocats. Le nombre encore limité d'expériences réalisées à ce sujet ne permet pas de trancher affirmativement. Aussi, ne vous découragez pas si, avec tel avocat, il semble n'y avoir aucun résultat. Certaines races d'avocats supportent mal une exposition prolongée. C'est le cas de nombreuses plantes.

Choisissez, pour commencer, des expositions de courte durée

Une exposition trop longue à l'énergie pyramidale pourrait brûler des ficus ou des bulbes de jacinthe. Quoiqu'il en soit une exposition de cinq à dix minutes ne peut causer ce type de dégâts. Dans le cas de la plupart des plantes, une exposition d'une demi-heure semble un maximum ne présentant aucun risque pour l'organisme végétal. Quant à l'eau "pyramidée", dont nous avons déjà énuméré ses vertus.

Il importe avant tout, dans les expériences pratiquées sur les plantes, d'être sans cesse à l'écoute de leurs réactions à l'énergie des pyramides. Les plantes sont des êtres vivants. Ne l'oubliez jamais.

Certaines variables sont susceptibles d'interférer vos données. Si vous-mêmes êtes surchargé d'ondes nocives, vous risquez de transmettre cette énergie-là à vos plantes - c'est particulièrement vérifiable dans le cas des plantes vertes - et l'apport constitué par l'énergie pyramidale peut, en ce cas, se révéler insuffisant.

Entendons-nous : surchargé d'ondes nocives ne signifie pas forcément envoûté ni même habitant dans un lieu saturé. Une dose importante de stress suffit parfois pour faire de vous un véritable émetteur récepteur d'ondes nocives.

Les plantes sont particulièrement sensibles aux énergies subtiles. En ce cas, nous vous conseillons de pratiquer vous-mêmes une relaxation sous pyramide avant d'entamer vos expériences d'horticulture. La main verte ne s'improvise pas, même avec l'aide des pyramides ou de l'eau pyramidée.

Quelques réactions surprenantes dues à l'effet pyramide...

Passons maintenant au règne des objets. Nous ne reviendrons pas sur le phénomène de l'aiguisage des lames de rasoir et l'affûtage des couteaux, que nous avons étudiés en détail. Nous nous pencherons en revanche sur les résultats obtenus sur des matières non organiques comme les batteries d'automobiles, les piles de radio ou les réveils.

On s'est aperçu qu'en plaçant régulièrement, une demi-heure par jour, des objets en cuivre, en fer, en acier, ou des couverts en argent, ceux-ci s'oxydaient bien moins vite que les mêmes objets non traités. L'action oxydante est pour ainsi dire retardée. Est-on pour autant en droit d'affirmer que la pyramide puisse ôter, de manière répétitive, les ternissures de l'argenterie ? L'effet qu'elle produit sur elles est des plus étranges. Elle ne les fait pas disparaître mais ramollit celles qui présentent un certain relief. Après avoir mis trois jours sous pyramide des couverts oxydés, il suffira d'un simple chiffon pour faire tomber les ternissures. Par contre, celles qui se trouvent en creux demeurent malheureusement semblables à elles-mêmes. La pyramide n'est pas un remède universel, ni même un couteau suisse multi-usages, même si sa gamme de "pouvoirs" demeure étendue. On a pu constater que les piles pouvaient être rechargées par action pyramidale. En les plaçant 24h sous une pyramide, vous les régénérerez. Mais ne croyez pas que les résultats, aussi fabuleux soient-ils, obtenus grâce à cette opération, soient éternels.

Une pile ne peut être rechargée indéfiniment sous pyramide. Mais si, dès le départ vous les avez soumises à l'énergie pyramidale, leur durée de vie sera de trois à quatre fois plus longue que celle des mêmes objets non exposés.

Certains chercheurs ont pu réaliser de complexes expériences en se servant de l'électricité. Leurs conclusions sont étonnantes : pour eux, l'énergie des pyramides serait en étroit rapport avec l'énergie électrique.

Une pyramide dans votre garage... C'est un tigre dans votre moteur !

Une expérience simple vous le démontrera : placez, durant la nuit, une pyramide en grès ou en carton sur votre moteur refroidi. Lorsque vous prendrez votre voiture, vous serez surpris de constater que votre moteur fonctionne beaucoup mieux. Il fonctionne surtout plus longtemps.

En laissant dans votre garage une pyramide au-dessus de votre voiture, vous obtenez une sorte de protection contre les accidents mécaniques. C'est un phénomène qui est encore difficile à expliquer dans l'état actuel de la science, mais néanmoins très réel. On peut également se servir de la pyramide pour améliorer l'audition d'un poste de radio ou la réception d'un poste de télévision. La pyramide complète utilement votre antenne. Dans certains cas, elle est même indispensable. Comme dans le cas d'appartements situés près de lignes à haute tension. Cependant, il faut signaler que l'action pyramidale n'est pas, ici encore systématique. Il se peut que cela dépende de la qualité de l'appareil.

Comment les poissons réagissent aux ondes pyramidales

Passons à présent au règne animal. Nous avons vu comment agissait l'eau traitée sous pyramide. On peut se poser la question de savoir quelle est la réaction d'un poisson dont l'aquarium est rempli d'eau traitée. L'expérience fut de nombreuses fois tentée et le résultat est toujours le même : on constate une durée de vie plus longue ainsi qu'une augmentation de volume. En revanche, la croissance des algues dans l'aquarium est ralentie. Cette expérience peut être tentée avec une pyramide en carton de 15cm que vous suspendrez au-dessus de l'aquarium ou une pyramide structure plus grande qui le surplombera. Les résultats les plus flagrants sont ceux obtenus avec les crevettes. Elle est facile à reproduire car on peut se procurer aisément ces petits crustacés. Sous l'action de l'eau énergétisée, elles augmentent de poids et de taille et, comme nous venons de le voir pour les poissons, leur durée de vie est prolongée. Vous pouvez ten-

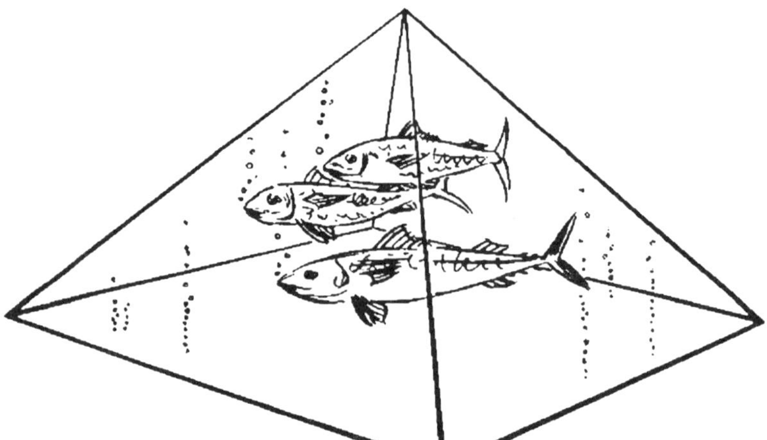

ter cette expérience avec deux bocaux, l'un contenant de l'eau énergétisée, l'autre de l'eau non traitée. Notez les différences en toute objectivité. Si vous souhaitez mener des expériences sur vos animaux familiers elles sont, rassurez vous, sans danger... au contraire !-, à moins que vous ne possédiez déjà une pyramide structure de 1,20m (auquel cas ce seront eux qui chercheront à "tester" les possibilités de la pyramide), commencez par les tenter avec de l'eau pyramidale. Pour effectuer cette expérience, placez un litre d'eau, pendant une heure, sous une pyramide suspendue. Placez deux bols, l'un d'eau énergétisée, l'autre d'eau "ordinaire". Trois fois sur quatre, il préférera l'eau traitée sous pyramide. A certains moments, l'animal agit comme s'il était suffisamment chargé en énergie. Si vous souhaitez procéder de manière véritablement expérimentale, il faudra prolonger cette expérience sur plusieurs jours et ne pas en tirer de conclusions hâtives. Une expérience d'une durée de trois semaines nous semble relativement significative. Notez également toutes les variantes du comportement de l'animal. Dort-il de la même façon ? Au même endroit ? Ses besoins alimentaires sont-ils les mêmes ? Vous paraît-il plus en forme ? Cornment se comporte son poil ? Sa peau ? Notez-vous des changements importants ?

La pyramide rend-t-elle végétarien ?

Certains affirment qu'à la suite d'une cure d'eau pyramidale ou d'expositions quotidiennes sous une pyramide structure, leur chien ou leur chat avait adopté un régime plus axé sur les végétaux. Bien que ne pouvant écarter tout à fait la possibilité de ce changement d'alimentation, nous ne pouvons en assurer l'authenticité ou du moins sa répétitivité, car ce changement de comportement alimentaire devrait se produire de la même façon sur les êtres humains. Or, de telles modifications ne s'opèrent guère de façon systématique. Sans quoi, les expériences sur les morceaux de viande perdraient toute signification ! De très nombreux cas confirment en revanche, que l'eau pyramidale favorise la guérison et la cicatrisation de vos animaux familiers. Quant à l'exposition sous pyramide, elle possède une action calmante sur les chiens, les chats et les oiseaux. Mais là encore, rien n'est systématique. Si certains oiseaux, par exemple, sont apaisés par la pyramide, d'autres au contraire, se révèlent beaucoup plus excités. L'expérience la plus objective possible en ce qui concerne les animaux est de placer une pyramide structure dans la pièce (la plupart sont démontables). Les chiens et les chats viennent souvent y accomplir un tour puis, après y avoir recueilli l'énergie nécessaire à leur organisme, s'en vont le plus naturellement du monde. Il serait "barbare" cependant de placer d'office une pyramide au dessus du lieu de repos favori de votre animal. C'est à lui de choisir son temps d'exposition pyramidale. Il peut être plus ou moins long en fonction de sa fatigue, de son âge, de son état de santé. Vous aurez parfois la surprise, en plaçant votre pyramide au-dessus d'un lieu précis, de voir votre chien ou votre chat en faire son lieu de repos favori. Quels qu'en soient les effets cependant, on ne peut nier que, vis-à-vis des animaux, l'énergie des pyramides est agissante, ce qui démontre, s'il en était encore besoin, qu'elle n'est en aucun cas "purement subjective" comme ont pu l'affirmer, sceptiques, ses détracteurs.

Ne forcez jamais votre animal à se placer sous votre pyramide

Avant de perturber les habitudes de votre animal familier, ce qui risquerait de troubler son sommeil, mieux vaut d'abord tester sa réaction aux pyramides. De même que pour les êtres humains, chaque cas doit être considéré comme particulier. Vous pourrez très vite observer son attitude par rapport à votre pyramide. Certains animaux viennent tous les deux jours se "recharger" pendant une dizaine de minutes puis repartent. D'autres y font un somme et en ressortent plus calmes, mais aussi plus vivants, plus sains. On peut également pratiquer cette expérience avec des hamsters. On déplacera ensuite la pyramide, afin d'être absolument certain que ce n'est pas le lieu mais bien la pyramide que l'animal préfère. Les chats portent une prédilection toute particulière au lait "pyramidal".

CHAPITRE VI

JOUER AVEC LES FORMES

La multiplication anarchique des sources d'émisssion rend parfois difficile leur maîtrise par l'opérateur

La pyramide s'inscrit dans la perspective des ondes de forme ou plutôt, comme l'affirmait le physicien Jacques Ravatin, des E.D.F. (émissions dues aux formes). En ce sens, elle peut s'inscrire dans une combinaison de forme amplifiant son rayonnement magnétique. Cela ne signifie pas pour autant que toutes les expériences puissent être tentées. Certaines énergies ont tendance à s'annuler l'une l'autre. De même la multiplication anarchique des sources d'émission (ou de réception, selon que l'on penche pour l'une ou l'autre théorie) peut engendrer une puissance telle qu'elle devient facteur de déséquilibre. Son utilisateur est alors bien en peine d'en maîtriser les conséquences. C'est le cas avec certaines formes complexes, tel le ruban de Moebius ou plus simples comme les géométries hélicoïdales, utilisées dans le cadre de la radionique, part active de la radiesthésie faisant quelquefois appel à des appareillages électriques.

Le Tarot de Marseille peut, de même que la numérologie, être compté au nombre des géométries sacrées en harmonie avec l'énergie pyramidale. Si le premier est basé sur le nombre d'or et la divine proportion, de la même manière que la cathédrale de Chartres, recélant un surprenant équilibre là où l'oeil du profane verra des anomalies, les chiffres, comme en témoignent les radiesthésistes, émettent des vibrations.

Sachez utiliser au mieux la puissance géométrique des chiffres

Cette découverte fut principalement le fruit des kabbalistes, qui se sont passionnés pour l'impact vibratoire des lettres (notamment les lettres hébraïques) et des nombres. On sait par exemple que le dix-neuf est un chiffre éminemment positif, utilisé dans des exercices de purification du mental et pour favoriser la chance. La pyramide permet de le charger davantage et de le faire gagner en puissance. Pour des raisons évidentes l'inconscient est structuré comme un langage, affirmait le philosophe Jacques Lacan, ce qui signifie en clair - Lacan ne l'était pas toujours ! - que quand nous prononçons un mot, nous incluons dedans toutes ses significations possibles, par associations d'idées spontanées, le neuf devra être utilisé pour tout projet nouveau et être placé sous pyramide. On remarquera d'ailleurs que la partie supérieure semble représenter un ventre arrondi. Un enfant met neuf mois à naître... Pour toute opération liée à la numérologie, outre les associations directement liées au Tarot ou à une étude symbolique, fiez-vous à celles qui s'imposent à vous, sans réfléchir la réflexion, dans ce type d'exercices liés à l'intuition et au cerveau droit, est souvent particulièrement traîtresse ! -.

L'association de plusieurs pyramides est quelquefois redoutable... Dans tous les sens du terme !

Un chiffre qui n'est pas nécessairement négatif en soi peut être associé, dans votre esprit, à un événement spécifique de votre vie qui n'est pas spécialement heureux. En ce cas, et quoiqu'en disent vos livres de numérologie, abandonnez-en provisoirement l'usage, jusqu'à ce que votre esprit soit libéré de sa connotation négative. Nous avons vu que la forme du cristal s'accordait parfaitement avec les énergies pyramidales, les deux forces se complétant l'une l'autre. Cette possibilité ouvre d'étonnantes perspectives quant à la dynamisation de la force pensée et la "fécondation de l'événement" (à travers la programmation cristal) chère au sorcier Jacques Rubinstein. Encore le cristal pourrait-il être considéré comme une matière vivante, habitée. Il n'est pour s'en convaincre que de tester un cristal avec les appareils Kirlian, permettant de déterminer l'aura, c'est-à-dire le

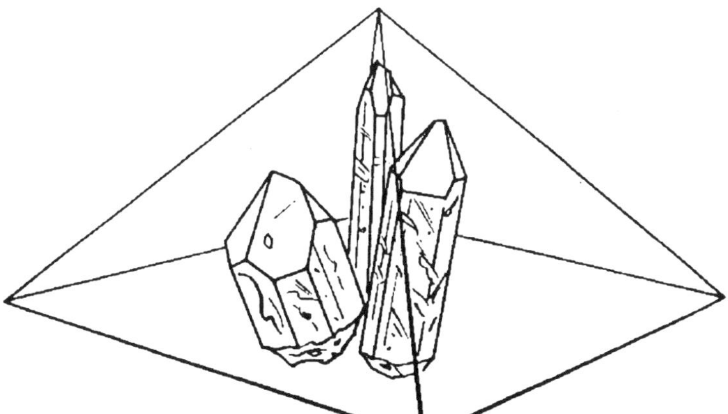

rayonnement magnétique et vibratoire des êtres humains, animaux et objets, et les affinités subtiles existant entre eux. En ce sens, il n'est pas certain que son mode d'action soit essentiellement régi par les ondes de forme ou plutôt, comme nous l'avons vu, les émissions dues aux formes.

Le mobile multi-pyramidal favorise l'éclosion de la médiumnité... A condition de respecter votre seuil de tolérance !

L'association de deux ou plusieurs pyramides peut sembler paradoxale à priori. Mais elle est d'une efficacité redoutable. Il faut entendre ce mot de redoutable dans toutes les implications du terme. En effet, les combinaisons multi-pyramidales notamment, peuvent avoir des effets secondaires tels qu'il faut être un radiesthésiste confirmé pour pouvoir les maîtriser pleinement. La méthodologie consiste à suspendre, par exemple, plusieurs pyramides de carton reliées entre elles par le sommet. Mais il faut savoir cependant que les énergies ainsi requises ne s'additionnent pas mais se multiplient. Utiliser un tel mobile pour les opérations "actives", c'est-à-dire destinées à accélérer les affaires en cours, peut s'avérer dangereux, dans bien des cas, pour le mental de l'opérateur, parce que certaines précipitations excessives, fussent-elles positives, peuvent être extrêmement déstabilisantes pour peu que l'on n'y soit qu'insuffisamment préparé. En revanche, cette pratique peut favoriser l'éclosion de la médiumnité et des pouvoirs parapsychiques, à condition toutefois de savoir respecter votre seuil de tolérance personnelle !

Le Sceau de Salomon : une forme qui recèle de nombreuses possibilités protectrices et actives

La structure multi-pyramidale convient parfaitement pour la méditation, la relaxation et la voyance. Quant aux effets physiques, comme la croissance accélérée des plantes, il est déconseillé d'y avoir recours. Tout simplement parce que l'effet obtenu, trop puissant, va "griller" vos plantes. En revanche, vous pouvez dynamiser un bijou pyramidal et lui donner le maximum de sa puissance vibratoire.

Les meilleurs résultats obtenus au niveau des combinaisons de formes le sont par une énergétisation du Sceau de Salomon, parfois baptisé étoile de l'homme, qui n'est autre que la fameuse étoile à cinq branches, dans laquelle (d'où son surnom) peut s'inclure un homme aux jambes écartées et aux bras tendus vers l'infini du ciel. Celle ci peut revêtir un double rôle de protection et d'action magique.

Tout autre est le cas du dodécaèdre. Cette forme est constituée de douze faces en forme de pentagone. Il émane d'elle un important champ vibratoire et la corrélation avec la pyramide n'est pas nécessairement souhaitable, en raison d'une énergie obtenue trop puissante et par voie de conséquence particulièrement difficile à gérer pour un débutant.

Pyramide/dodécaèdre : des forces qui s'amplifient ou s'annulent

Au centre de chaque pentagone peut s'inscrire l'étoile de l'homme. Le dodécaèdre est une forme ouverte, ce qui permet, un nombre important de variations. De deux choses l'une : soit les énergies en présence se multiplient, soit elles s'annulent. Cela dépend en partie de la manière dont chacune des formes a été préalablement "chargée". Si elle s'adapte peu, sinon dans le cas de personnes ayant atteint un haut niveau spirituel et magique, aux travaux de dynamisation de la force pensée, l'association pyramide/dodécaèdre demeure en revanche particulièrement efficace dans les exercices de maîtrise du phénomène phosphénique. Placez face à face (dans le cas du dodécaèdre, l'orientation ne tient pas une place prépondérante en ce qui concerne les facteurs de réussite ou d'échec) votre dodécaèdre - forme ouverte - et une structure pyramidale. Au moment de l'apparition du phosphène, vous allez mentalement diriger celui-ci à travers le pentagone central de la partie qui vous fait face, puis à travers la structure pyramidale.

Un exercice d'apprentissage et de maîtrise de la volonté

Ne vous découragez pas trop vite : il va de soi qu'un tel exercice, qui présente certaines difficultés, notamment celles liées à la maîtrise de la volonté, se heurte à quelques échecs et demande une période préalable d'entraînement. Nous vous conseillons d'expérimenter d'abord sans pyramide, ou chapeauté de celle-ci, les exercices de déplacement du phosphène. Puis, lorsque vous aurez bien maîtrisé ce domaine, faites pénétrer le phosphène à l'intérieur de votre structure. Attention : cet exercice n'est pas, à priori (nous allons voir cependant qu'il recèle de multiples possibilités) destiné à une opération quelconque. Il vise simplement à une meilleure utilisation des outils qui sont à votre portée. Ils entrent dans le cadre d'un apprentissage pratique. Aussi, ne cherchez pas, dès vos premiers essais, à diriger le phosphène au niveau de la chambre du roi. L'important est qu'il pénètre à l'intérieur de votre structure pyramidale. Une autre étape intermédiaire consistera à obtenir la même aisance directionnelle à l'intérieur du dodécaèdre. Ce n'est qu'alors que vous pourrez passer à la phase finale : le va et vient de l'une à l'autre forme.

Car, lorsque l'aller deviendra pour vous une évidence, rien ne vous empêche de tenter le retour !

Tout exercice de pensée positive pratique, après ce travail, n'en sera que plus puissant !

Les avantages d'une telle expérience sont nombreux. La volonté est semblable à un muscle et pour qu'il se développe, il convient de le travailler encore et encore. Or, cet exercice fait appel à votre volonté, à votre force mentale (déplacement du phosphène) en même temps qu'à votre puissance de visualisation. Il inscrit donc votre volonté dans un cadre spirituel, ou pour être plus précis, dans une dynamique d'évolution de votre potentiel humain. Tout exercice de pensée positive pratiqué après ce travail n'en sera que plus puissant. De même, il arrive qu'au cours d'une telle expérimentation, vous soyez sujet à des prémonitions, voire des phénomènes de voyance. Ne les rejettez pas et acceptez les informations qui vous sont révélées. Elles peuvent vous permettre d'éviter bien des erreurs. De plus la combinaison phosphènes/dodécaèdre/pyramide, à condition toutefois qu'il y ait désir profond de l'opérateur dans cette optique, peut constituer un atout appréciable pour cesser de boire ou de fumer.

Un exercice sur les ondes de forme... Sans utilisation d'objets !

Entrons à présent dans le domaine de la radiesthésie mentale pure. Les exercices que nous venons de vous indiquer peuvent également s'effectuer avec une variante de taille : l'absence totale d'outils de voyance ou d'expérimentation quels qu'ils fussent.

Les seuls instruments ici à votre portée, ceux dont vous vous servirez seront votre force pensée et votre capacité de visualisation.

Vous allez en effet, en fermant les yeux, vous représenter mentalement chacun des éléments présents. Vous pouvez, dans un premier temps, avoir recours au phénomène phosphénique. Mais les formes seront représentées sur votre écran mental. Nous avons déjà étudié la visualisation et ses difficultés. Aussi, dans un premier temps, vous commencerez par la pyramide, parce que de forme plus simple que le dodécaèdre ou le Tarot de Marseille. Cet exercice ne s'adresse qu'à ceux qui ont déjà une petite expérience de ces phénomènes. Il permettra de renforcer la structure de la pensée, de la mener plus directement vers son but, d'apprivoiser en quelque sorte la puissance de votre mental.

Vérifier l'efficacité de votre travail sur des mots témoins liés aux formes...

Dans la perspective de l'exercice précédent, vous pouvez avoir recours aux mots témoins, qui vous permettront de mieux entrer en contact avec la forme-pensée dodécaèdre ou pyramide. Vous le tiendrez dans votre main droite pendant que vous effectuerez la visualisation. Pour vérifier l'efficacité de votre travail sur des mots témoins, nous vous proposons l'opération suivante : testez au pendule votre pyramide ou votre Sceau de Salomon, puis utilisez un mot témoin pour charger votre forme, en dirigeant votre esprit vers cet objet spécifique. Ensuite, comparez, grâce au pendule et à votre propre expérience, que l'énergie présente s'est accrue. Afin d'être certain qu'il vous est possible de combiner deux formes particulières, interrogez votre pendule. S'il vous répond non, demandez s'il s'agit d'une question de moment, car il est possible que vous ne soyiez pas encore suffisamment prêt pour effectuer ce type de "manipulations". Si le pendule répond de nouveau par la négative, interrogez afin de savoir si une telle expérience serait perturbante. Si vous obtenez de nouveau une giration vers la gauche, c'est que l'expérience ne présente aucun intérêt pour vous.

Même si elle est de peu de danger, elle ne vous amènera que de forts maigres bénéfices, inférieurs à ceux obtenus par une seule des deux formes, voire des résultats totalement nuls.

Si vous découvrez, par exploration radiesthésique, que le résultat serait de nature pertubatrice, soit par l'énergie en action, soit par la nature même de votre demande, n'insistez pas.

Dans certains cas, il est possible de combiner plus de deux formes : par exemple cristal, pyramide et dodécaèdre ou cristal, pyramide et tarot. Demeurez prudent et testez d'abord l'adéquation de votre expérience avec le problème traité. Une de ces combinaisons peut s'avérer extrêmement positive dans le domaine de la relaxation et de la voyance, et s'avérer tout à fait désastreuse à l'intérieur d'un exercice de force pensée. Dans ce champ d'action lui-même, il vous faudra rester extrêmement circonspect et vigilant, n'hésitant pas à interroger votre pendule en cas de doute. On n'interfère pas de la même manière dans la sphère du travail que dans celle de la santé. L'efficacité est toujours fonction du bien-fondé de l'opération de base par rapport au problème particulier traité. C'est en respectant toujours ce principe que vous parviendrez à approfondir votre connaissance de l'énergie des pyramides.

CHAPITRE VII

PYRAMIDES ET CHANNELING

Différents modes de channeling et en quoi ils diffèrent totalement du spiritisme ou de l'invocation

Toute personne est susceptible de devenir canal, antenne réceptrice d'énergies de haut niveau. C'est ce qu'on appelle channeling. Le channel ne possède qu'un rapport très éloigné avec spirites et médiums, puisqu'il ne s'adresse - ou ne pense s'adresser, dans le cas de channels inexpérimentés - qu'à des forces subtiles et non, comme cela arrive malheureusement trop souvent dans le spiritisme, à des larves du bas-astral. Le channelling possède plusieurs champs d'expérimentation et tous peuvent bénéficier, comme nous le verrons plus loin, de l'apport de la pyramide.

Le contact peut s'établir avec des esprits désincarnés. Il s'agira alors de maîtres spirituels, tels Jésus, Boudhah, Krishnamurti, Gurdjieff ou d'autres plus en accord avec vos intimes convictions au niveau mystique. Certains ont ainsi entrepris (et réussi) un channeling avec le défunt John Lennon.

John Lennon, Jacques Brel... Quand un channel s'adresse à un désincarné

On pourrait, dans un certain sens, affirmer que les communications post-mortem de Maguy Lebrun avec Jacques Brel relèvent davantage du channel que du spiritisme. Cependant, un maître n'est pas nécessairement cerné d'une "aura médiatique". Toute tentative de communication avec une personne de forte dimension spirituelle, et dont l'enseignement est susceptible d'éclairer votre vie, de vous permettre de progresser sur la voie que vous vous êtes tracé relève d'un phénomène de channeling. Il peut être et demeurer parfaitement inconnu. Un autre type de communication de haut niveau est celui qui se réfère à des guides de nature non humaine. On parle souvent d'esprits-guides, d'anges gardiens ou de guide intérieur. Dans ce dernier cas, nous sommes en relation avec les couches les plus profondes de notre inconscient. Nous vivons alors ce qu'Henry Miller définissait comme des états de "pure conscience".

Des messages qui dépassent le cadre d'une simple personne mais s'adressent à l'humanité entière

D'autres s'adressent aux gardiens des seuils. Une croyance veut en effet que chaque niveau de conscience soit gardé par une entité avec laquelle il nous faut pactiser ou que nous devrons affronter afin de pouvoir y accéder. Autre possibilité offerte par le channeling : s'adresser aux dévas, esprits du règne minéral ou végétal. Faut-il y chercher une analogie avec les fées, gnomes et lutins décrits dans toutes les traditions ? C'est ce que pensent certains ésotéristes, et non des moindres. Ce type de contact nous valut les superbes ouvrages de David Spangler (Editions Souffle d'Or).

S'adresser aux anges nécessite d'excellentes connaissances théologiques ou (et) kabbalistiques. Sans quoi l'opération serait caduque et dangereuse.

Enfin, dernier cas de figure, pour ceux qui pensent que toute divinité est un égrégore, c'est-à-dire un agglomérat de forces-pensées génératrices d'une entité : la communication divine. On peut ainsi entrer en contact, dans cette optique, avec Diane, Apollon, Jupiter ...

S'ils vous concernent personnellement, les messages obtenus seront de nature essentiellement spirituelle

Avant de passer par une telle voie de transmission, renseignez-vous d'abord sur la nature, l'origine et les attributs de l'entité avec laquelle vous souhaitez entrer en relation. Faute de quoi vous pourriez avoir de mauvaises surprises ! Signalons tout de même que dans cette perspective, tout personnage né de l'imaginaire d'un auteur appartient au domaine des égrégores.

Le channelling ne se distingue pas seulement des autres formes de communication spirituelle ou parapsychologico-mystique par ses orientations, mais également par sa forme et la nature des résultats obtenus. Les messages issus du channeling dépassent le cadre d'une simple personne. Ils indiquent une orientation à venir pour l'humanité. C'est pourquoi les channels recherchent la diffusion, par écrit, de ces messages, afin de remplir jusqu'au bout leur mission. Si les messages obtenus ne concernent que la personne qui les a suscités, ils seront de nature essentiellement spirituelle. Ils indiqueront une voie. Les messages concernant John Lennon, tous comme ceux des pionniers de l'expérience Findhorn, relèvent directement de cette discipline.

Une préparation spirituelle qui découlera de manière directe de la discipline religieuse ou mystique à laquelle vous vous référez

Plus que toute autre forme de travail avec la pyramide, le channeling demande une préparation spirituelle préalable. Celle-ci découlera de manière directe de la discipline religieuse ou mystique à laquelle vous vous référez. Afin de réduire au maximum tout risque de parasitage, votre "antenne médiumnique" se devra d'être correctement orientée. La pyramide vous permettra sinon d'éviter, tout au moins d'atténuer fortement les effets secondaires (pas spécifiquement agréables !) parfois liés à ces formes de communication, passant souvent par le biais du message automatique : accélération du rythme cardiaque, picotements, sensations excessives de chaud ou de froid, etc...

Commencez par prendre un bain ou une douche, ce qui vous lavera non seulement physiquement, mais vous rendra également disponible et ouvert pour une opération de ce type. Puis réfléchissez aux éléments liés à votre contact. Quelle est la méditation, la prière, la relaxation la plus en adéquation avec la personne ou l'entité dont vous souhaitez obtenir une communication.

Il va de soi que toutes les combinaisons sont possibles et que nous considérons le lecteur comme un être responsable. Mais entrer en contact avec une entité "démoniaque" prépare à des chocs en retour, non relatifs à des notions manichéennes de bien et de mal mais à la nature même des forces invoquées.

Demandez toujours l'autorisation à la force avec laquelle vous désirez entrer en communication...

Lorsque vous aurez effectué cette mise au point préalable, placez-vous sous pyramide (le plus pratique en ce sens sera la pyramide de carton suspendue par un fil de nylon ou la pyramide grand format, si vous en avez les moyens). Par les méthodes que nous avons signalées plus haut, effectuez un travail de "purification" et demandez l'autorisation à la force avec laquelle vous désirez entrer en contact. Lorsque vous aurez accompli ce "rite", relaxez-vous, l'esprit le plus vide, le plus lisse possible. Ne cherchez surtout pas à obtenir cet état mais laissez-vous envahir par lui.

Vous pouvez également créer autour de vous une bulle de couleur, dans laquelle vous vous sentez bien, afin de favoriser un contact positif. Mais n'oubliez surtout pas que vous n'êtes qu'un "canal". C'est en toute humilité, et non poussé par un péché d'orgueil, que vous devez aller vers le channeling. Faute de quoi, la pyramide ne ferait qu'amplifier votre état originel, réduisant considérablement les possibilités de contact réel.

Placez dans chacune de vos mains (ou dans vos poches) un élément relatif à la communication... Vous établirez ainsi une polarité...

À présent, vous pouvez passer à la communication proprement dite. Si vous l'effectuez sous pyramide, placez dans chacune de vos mains un élément relatif à la communication. Vous établirez ainsi une polarité. Votre main droite enverra un message vers la fréquence que vous désirez capter. L'autre vous permettra de recevoir. L'inconvénient majeur de cette technique est que le message reçu ne pourra être immédiatement transcrit. Si vous portez une chemise (de coton ou de lin) avec des poches assez larges, vous pouvez y placer les éléments en question.

Si vous pratiquez sous une pyramide suspendue, rien ne vous empêche d'utiliser des mots témoins ou des témoins photos au format réduit, que vous scotcherez solidement au niveau de la chambre du roi. Prenez garde pour ce faire d'utiliser un fil suffisamment solide, faute de quoi votre méditation risque fort d'être troublée par un incident regrettable.

Ecrivez sans réfléchir, sans vous laisser déborder par votre propre intellect...

Une autre méthode consiste à pratiquer hors de la pyramide; placez les témoins à l'intérieur de votre volume et placez les deux mains au niveau de la chambre du roi, établissant ainsi comme nous l'avons vu précédemment, une polarité des énergies. Puis lancez-vous sans hésitation. Lorsque vous pratiquerez, il est essentiel que vous n'éprouviez aucun doute quant au succès de votre opération.

Lorsque le contact s'établira, soit sous forme d'une énergie qui vous traverse et semble vous pousser à agir, soit sous forme de messages à transcrire, prenez une feuille et un stylo et écrivez, sans réfléchir, sans vous laisser déborder par votre propre intellect. Il faut parfois beaucoup d'humilité pour accepter de devenir simple canal, voie de transmission d'un savoir qui la plupart du temps dépasse les connaissances de la personne qui reçoit.

Pour éviter les "pannes de contact", portez sur vous un bijou pyramidal ou un témoin "bis", de l'énergie avec laquelle vous voulez entrer en contact

Si vous sentez qu'à un moment ou un autre de votre communication - ce qui demeure malgré tout peu probable ! - celle-ci demeure trop longtemps en suspens, posez de nouveau vos mains au niveau de la chambre du roi; pour pallier à cette panne de contact, plusieurs solutions restent à votre disposition. La première est de porter sur vous un bijou représentant la pyramide ou un "témoin bis" de l'énergie avec laquelle vous désirez établir le contact. La seconde est d'exposer une demi-heure avant votre exercice de channeling (par exemple durant la préparation préliminaire) la feuille sur laquelle vous allez écrire. La troisième de programmer un cristal sous pyramide que vous tiendrez dans la main gauche (de la droite si vous êtes gaucher), pendant que de l'autre main vous écrirez. Une autre solution consiste à avoir recours au pendule égyptien. La pyramide à portée de vos yeux, faites tourner votre pendule vers la droite au niveau du lieu stratégique qu'à présent vous connaissez bien, tandis que vous transcrirez de l'autre main les messages qui vous sont transmis.

L'interruption ou la difficulté de connexion ne résulte pas nécessairement d'une erreur de votre part...

Une précision s'impose toutefois quant à la manière dont sont reçus les messages; n'espérez pas qu'une voix résonne, fut-ce celle de la personne de laquelle vous désirez obtenir une révélation, à l'intérieur de la pièce. La clairaudience demeure un phénomène relativement restreint et il reste peu probable que vous en soyiez bénéficiaire. Ce qui ne signifie pas, bien sûr, que ce type de manifestations soit rigoureusement impossible. Les trois modes de contact les plus fréquents demeurent cependant les suivants : voix résonnant à l'intérieur et dictant les messages en question, émergence de nouvelles données dans notre mémoire - le poète

André Hardellet disait, à propos de la voyance, que c'était "comme le souvenir d'un futur qui aurait déjà eu lieu"-, ou écriture en état quasi somnambulique; en ce dernier cas, le contact s'établit directement par voie de plume.

L'interruption ou la difficulté de connexion ne résultent pas nécessairement d'une erreur de votre part. Certains messages sont volontairement abrupts, voire obscurs, et semblent se terminer en queue de poisson, de manière à ce que seule une minorité vraiment motivée puisse se pencher sur son contenu.

Il peut arriver également qu'une fréquence soit brouillée, parce que sursaturée. Certaines forces, trop sollicitées, ne peuvent répondre à toutes les demandes. Le Padre Pio par exemple, est soumis à une véritable avalanche de demandeurs. Avant toute tentative de reprendre le contact, posez préalablement la question à votre pendule de savoir si vous êtes en mesure de le faire. Sinon, inutile d'insister !

CONCLUSION

Les expériences que nous vous soumettons ne constituent qu'une part infime des expériences réalisables sous pyramide. Nous avons volontairement passé sous silence les expérimentations relevant du domaine de l'électronique parce qu'elles ne sont pas directement applicables par la majorité des lecteurs.

Les expériences réalisables n'ont de limites que celles de votre imagination. Quelle est par exemple l'action de la pyramide sur les miettes de thon à l'huile ? Est-il vrai que la pyramide empêche les moteurs de geler avec la même efficacité qu'un antigel ? Tant et tant de questions qui restent encore à poser et dont vous pouvez avoir la réponse le plus simplement du monde : en expérimentant. Qui ne risque rien n'a rien ! Cependant, vous devrez éviter l'usage de la pyramide, si vous êtes trop sensible du coeur et trop nerveux. Il est inutile de vous soumettre à de trop fortes expositions : dix minutes, dans un premier temps, semble idéal pour une relaxation et vingt pour une méditation. Rien ne vous empêche d'ailleurs de les poursuivre hors de la pyramide. Car le plus beau champ d'expérimentation qui puisse jamais nous être offert, c'est notre esprit dans toute son étendue. Un domaine d'autant plus fascinant qu'il est en perpétuelle expansion. La pyramide constitue un considérable atout sur la voie d'une spiritualité saine et épanouie, c'est-à-dire en accord avec une vie matérielle et physique équilibrée. L'usage de la pyramide de Khéops nous demeure encore aujourd'hui méconnu. On a pu remarquer que, de par sa géométrie et son orientation, elle permettait de définir, avec une précision extrême, la position des étoiles. Mais il est fort probable qu'elle ait eu d'autres usages plus "spirituels". Il n'est pas impossible de supposer qu'elle ait été le lieu de réunion d'écoles initiatiques de haut niveau, dans lesquelles furent pratiqués des "mystères" semblables à ceux d'Eleusis. Certaines indications inclineraient à le croire, comme ces niches, qui, pour les archéologues, auraient toutes contenu des statuettes et des bijoux dont on n'a retrouvé nulle trace. Or, ces niches semblent parfaitement adaptées à la taille d'un homme en position de lotus. Des hiéroglyphes et des fresques nous enseignent que cette attitude était courante chez les Egyptiens.

La civilisation d'Egypte antique avait poussé si loin sa culture de la mort qu'il est également raisonnable de supposer qu'à l'instar des Tibétains, avec lesquels ils partagent le fait de posséder un "Livre des Morts" extrêmement détaillé, les Egyptiens aient acquis une grande pratique du voyage astral. Fantaisistes ces théories ? Certainement pas moins que celles communément admises. On sait aujourd'hui l'étendue de ce que l'on ignore à propos de la pyramide de Khéops. Aucun sarcophage n'y fut retrouvé. Il est par conséquent difficile de prétendre qu'il s'agisse d'un lieu funéraire. On ne connaît pas non plus sa date de construction exacte. Affirmer qu'elle fut construite par le pharaon Khéops relève de la pure supposition. Les pyramides ne sont donc pas ce qu'on a longtemps prétendu qu'elles furent. En tous cas certainement pas la pyramide de Khéops ou Grande Pyramide. Les sarcophages retrouvés le furent dans des pyramides de construction bien postérieure à celle de Khéops. La géniale intuition de Bovis a permis de découvrir que la forme pyramidale développait ou captait une énergie si puissante qu'elle possédait des effets sur la matière. La répétitivité d'un grand nombre de ces effets permit de donner une base concrète à de futures recherches. Car la présence d'une force agissante émanant de la pyramide était mise en évidence de manière scientifique. Cette découverte était d'autant plus importante que la pyramide agissait sur les molécules de l'eau.

Certains affirment qu'elle agit sur sa structure moléculaire. Mais à ce niveau, les recherches souffrent encore de grandes zones de flou. Les chercheurs manquent de moyens et -ou- de conviction pour explorer plus avant - au niveau de la physique des particules par exemple - l'énergie pyramidale. Sachant qu'elle agit sur l'eau, matière dont l'homme est composé à plus de 60 %, comment ne pas être tenté de penser qu'elle puisse avoir une action sur les cellules de notre cortex cérébral et modifier nos états de conscience ? Les expériences physiques, matérielles, concrètes sur les aliments, objets, liquides devraient permettre de servir de tremplin à une véritable quête spirituelle de la connaissance. Connaissance de nous-mêmes et des autres, à travers l'épanouissement de notre potentiel humain. La pyramide n'est pas seulement un instrument de plus pour la relaxation ou la méditation. Elle permet de donner un coup de starter à l'éveil de nos facultés psi. Par spiritualité et facultés psi, nous n'entendons pas une vie monastique, détachée de l'élément matériel. Notre mode de vie occidental nous oblige à maîtriser le matériel pour pouvoir vivre le spirituel. C'est pourquoi, nous avons parlé des possibilités offertes par la pyramide de maîtriser notre destin, ou plutôt de le prendre en charge en dynamisant et en renforçant notre force de volition. Nous avons dit, dans les pages consacrées à l'action sur les fruits, que la pyramide en concentrait le goût. Il semble qu'elle produise une action similaire sur la psyché humaine, nous permettant de mieux concentrer les forces de notre mental pour les utiliser en vue d'une amélioration de nous-mêmes et du monde où nous vivons. Comme l'affirmait un philosophe "il n'y a qu'un seul moyen de changer le monde, c'est de se changer soi-même". La pyramide nous permet de prendre conscience de cela et, à partir du développement harmonieux de notre individualité, d'en venir à percevoir notre universalité. Peut-être était-ce le sens du message laissé par les Egyptiens à travers les pyramides. Certaines des expériences que nous proposons pourront vous sembler étranges, mais elles sont toujours simples à réaliser. Si vous allez vers la pyramide en confiance, elle la justifiera au centuple, car, comme nous l'avons signalé, la pyramide amplifie parfois les états émotionnels. C'est à vous- mêmes maintenant de découvrir les possibilités qui vous sont offertes par l'expérimentation directe... Le plus bel art n'est il pas celui dont nous sommes à la fois et l'artiste et le matériau ?

Table des matières

LIVRES UTILES

NOUVEAU GUIDE D'UTILISATION DES PYRAMIDES

Auteur : R.P. Georges

Que sont les pyramides ? Des temples ? des tombeaux ? A quoi servaient-elles vraiment ? Les chercheurs du monde entier et les égyptologues eux-mêmes s'interrogent. Ce que l'on sait, c'est que la pyramide est un véritable catalyseur d'énergie. Utilisée de nos jours pour toutes sortes de choses, on sait que sa forme particulière est capable de focaliser notre pensée et d'en augmenter considérablement les vibrations. Son aide est précieuse dans de nombreux domaines, et le chercheur, pour peu qu'il s'en donne la peine, peut réaliser toutes sortes d'expériences étranges. Certains n'hésitent pas à penser qu'avec la pyramide tout est possible. L'auteur, vieil expérimentateur nous livre ici quelques-uns de ses "trucs" personnels. La lecture de ce livre vous étonnera et vous guidera efficacement . **Prix : 85 F**

MANUEL PRATIQUE D'UTILISATION DU PENDULE EGYPTIEN

Auteur : J.L. Caradeau

L'auteur bien connu comme praticien des sciences traditionnelles et occultes (créateur du pendule des bâtisseurs), vous livre dans cet ouvrage les fruits de son expérience en matière d'utilisation du pendule égyptien. Il vous fait découvrir les étonnantes possibilités de ce pendule, qui en font une "véritable machine à souhaits". Il vous aide à choisir parmi tous les modèles de pendule égyptien celui qui vous convient le mieux, en fonction de vos objectifs, et de votre tempérament.

Il vous explique comment l'associer à la pyramide pour vous "stimuler psychiquement", développer vos capacités personnelles ou pratiquer des soins à distance... En résumé, l'auteur vous livre les techniques permettant de tirer le meilleur parti possible de cet instrument merveilleux qu'est un pendule égyptien.

Vous y trouverez également les meilleures méthodes de radiesthésie d'investigation adaptées aux spécificités du pendule égyptien. Tout cela est tellement facile avec l'un ou l'autre des pendules décrits dans ce livre que vous serez capable de le réaliser au bout de seulement quelques jours d'entraînement (si vous n'êtes pas doué), de quelques heures (si vous êtes doué). **Prix : 110 F**

Achevé d'imprimer sur les presses de l'imprimerie
EUROPE MEDIA DUPLICATION S.A.
F 53110 Lassay-les-Châteaux
N° 3892